《逸周書》研究文獻輯刊

第三册

國家圖書館出版社

第三册目録

逸周書補注二十二卷卷首一卷卷末一卷（卷三—十二）　（晉）孔晁　注　（清）陳逢衡　補注

逸周書補注二十二卷

卷首一卷卷末一卷（卷三——十二）

（晉）孔晁 注 （清）陳逢衡 補注

清道光五年（1825）刻本

晉孔晁注　　江都陳逢衡補注

武稱解第六 稱去聲

孫子軍形篇云兵法一曰度二曰量三曰數四曰稱五曰勝地生度度生量量生數數生稱稱生勝故勝兵若以鎰稱銖敗兵若以銖稱鎰此武稱之義也盧文弨曰惠云左氏傳楚莊王曰夫武禁暴戢兵保大定功安民和衆豐財者也七者皆具此篇中衡案篇中無所謂豐財據序云武有七德作大武大明武小

明武三篇則七德不係武稱可知

大國不失其威小國不失其卑敵國不失其權

孔注此所謂稱也

補注大國不失其威不黷武也小國不失其卑不懟鄰也敵國不失其權不取侮也

岠嶮伐夷并小奪亂口強攻弱而襲不正武之經也

孔注經常

補注盧文弨曰岠嶮與距險同衡按岠嶮得地勢也夷平也並小奪亂如辛甲所謂服衆小以刻大是已

司馬法曰憑弱犯寡則眚之賊賢害民則伐之暴內陵外則壇之野荒民散則削之負固不服則侵之賊殺其親則正之放殺其君則殘之犯令陵政則杜之內外亂鳥獸行則滅之皆所謂襲不正也

伐亂伐疾伐疫武之順也

孔注武道逆取順守故曰順也

補注木內朽則易摧國內潰則易滅事半功倍不勞而獲故曰武之順

賢者輔之亂者取之作者勸之怠者沮之恐者懼之欲者

趣之武之用也

孔注武以爲用事也

補注商書曰佑賢輔德顯忠遂良賢者輔之也又曰兼弱攻昧取亂侮亡亂者取之也作者勸之與其善也怠者沮之懲其惡也恐者懼之風之以害也欲者趣之示之以利也

美男破老美女破舌盧文弨曰今戰國秦策引此二語破舌作破少唯高誘所注本與此同淫圖破口空方疑是典字淫巧破時淫樂破正淫言破義武之毀也

孔注凡行此事所以毁敵國也

補注國君好艾則遠棄典型故破老國君好內則忠諫塞路故破舌破時謂作爲淫巧則空廢時日破正謂日聽淫樂則惑溺心志破義謂倡爲邪說則有害政事六者在彼有之則可伐在我有之則宜儆毁敗也棄也

赦其衆遂其咎撫其口（空方疑是民字）助其婁武之間也（間去聲）

補注周文歸曰赦其衆遂其咎猶云厚其毒而復之也助其婁姑子之也衡案赦其衆則黨孤遂其咎則

國疑助其費如漢高予陳平金四萬恣其出入之類

餌敵以分而照其儲以伐輔德追時之權武之尙也

孔注以分謂以分器土田餌之此術

補注餌敵以分如趙約韓魏殺知伯共分其地照其儲知其蓄積之數三略軍讖所謂必先察敵情視其倉庫度其糧食也以伐輔德謂去其左右則無用命之人追當作維時是也

春違其農秋伐其穡夏取其麥冬寒其衣服春秋欲舒冬夏欲亟武之時也

孔注寒衣爲敗其絲麻冬夏寒暑甚故欲疾之疾曹作度

盧文弨曰案冬夏欲亟亟疾也故改爲疾

補注逆其農寒其服使不得耕桑伐其穡取其麥使不得積聚春秋恐奪我民時故欲舒冬夏慮牽於疾疫故欲亟

長勝短輕勝重直勝曲衆勝寡強勝弱飽勝飢肅勝怒先勝後疾勝遲武之勝也

孔注肅敬也

補注長勝短謂用我之所長以攻其所短如步戰爲

我所長爲彼所短則用步戰以勝之車戰騎戰舟戰稱是或用火攻或用衝突皆以我兵所諳練者用之史記李左車對韓信曰善用兵者不以短擊長而以長擊短是也輕勝重如金注瓦注之類俗所謂四兩薄千金是也輕則所得多所失少重則得不償失且有一蹶不堪復振之虞直勝曲師直爲壯曲爲老也衆勝寡十則圍之五則攻之也强勝弱技擊不如武卒武卒不如銳士也飽勝飢飽則可以戰飢並無與守也肅勝怒忿兵必敗也先勝後先發制人也疾勝

遲兵貴神速也此九者兵家所謂知己知彼百戰百勝之術故曰武之勝李兆洛曰長勝短輕勝重器也直勝曲理也衆勝寡强勝弱勢也飽勝飢力也肅勝怒氣也先勝後疾勝遲機也

追戎無恪窮寇不挌舊作格誤力倦氣竭敵乃易克敵字舊脫從趙說補

孔注挌鬬也追敵之法挌鬬也三字舊作窮寇不挌下今並合爲一

補注追戎當整旅以進不可遲迴恪則緩而怠彼必回軍返鼓以乘之矣挌擊也寇窮則并命恐反爲所敗故不挌孫子曰歸師勿遏此之謂也力倦氣竭敵

乃易克者擊其惰氣因其勞倦也

旣勝人舉旗以號令命吏禁掠無取侵暴爵位不謙田宅不虧各寧其親民服如化武之撫也

孔注謙損也寧安也

補注舉旗以號令安民也爵位不謙田宅不虧令吏民皆安堵如故也盧文弨曰案謙當與減同衡校謙與歉同

百姓咸服偃兵興德夷厥險阻以毀其武四方畏服奄有天下武之定也

孔注毁武謂毁服之

補注夷厥險阻以毁其武謂平其關隘則彼無用武之地也如城郭虎牢之類

允文解第七

文令見管子文伐見太公武韜文德見漢刑法志是皆所謂允文也通作韻語與大明武小明武同皆太公兵法之逸文篇中死思復生生思復所數語尤得王者用兵之意

思靜振勝允文維記

孔注以靜規勝康文紀武

補注兵如火弗戢將自焚故思靜振勝振收也允信也文文德也記當作紀紀法律也

昭告周行維旌所在

孔注旌旗治亂所在

補注昭告周行露布也維旌所在褎有德也旌表也在存也

收武釋賄無遷厥里官校屬職因其百吏

孔注收其戎器不取賄因其官吏無敢改

補注收武偃武也釋賄散財也無遷厥里所以安小人官校屬職因其百吏所以安君子尉繚子曰兵之所加者農不離其田業賈不離其肆宅士大夫不離其官府即此義也

公貨多少振賜窮士救瘠補病賦均田布

孔注 | 注施赦布政也

補注此即周禮泉府國服之法公貨贓罰之貨猶後世所謂沒入官者是也振賜窮士養賢也救瘠補病養民也周官九布在國曰邦布在市曰征布總謂之

田布賦均田布則不病民不傷財而上下交獲其贏矣李兆洛曰公貨多少謂不論貨之多少皆公之以振賜

命夫復服用損憂恥孤寡無告獲厚咸喜李兆洛曰損當捐之譌

孔注損除憂恥謂赦罪振窮敷大惠也

補注命夫復服修廢官之謂命夫在位者復服謂復其爵也服如賜服之服用損憂恥則士大夫皆有進身之階孤寡無告窮民也獲厚咸喜則家給人足矣

咸問外戚書其所在遷同氏姓位之宗子

孔注誅其君爲之主□及羣臣宗主

補注外戚敵之外戚書其所在存也謂收錄其賢者遷同氏姓位之宗子如條徐六族遷於魯陶施七族遷於衞懷姓九宗遷於晉之類蓋世家大族聚則易爲亂故徙其族於遠使不相通復立宗子一人以主其祀也

卒用十五綏用士女敎用顯允若得父母士舊作空方女士舊作安盧文弨曰案夏小正綏多女士此當是綏用士女與韻協今從之

孔注懷其德政也

補注十五者保甲之法管子禁藏曰夫善牧民者非以城郭也輔之以什司之以伍伍無非其人人無非其里里無非其家此率用十五之義也民不驚擾則士女安故曰綏用士女與武成綏厥士女同義敎如敎民七年之敎繼明允信也

寬以政之孰云不聽聽言靡悔遵養時晦政聽協悔晦協

孔注養時闇昧而誅之

補注寬以政之除苛法也孰云不聽得民心也聽言靡悔民不倍上則無罪也遵養時晦見周頌傳云遵

率養取晦昧也箋云養是闇昧之君以老其惡

晦明遂語於時允武死死思復生生思復所

孔注使昧者脩明而遂告以信武也

補注死思復生出水火而衽席之也生思復所合婦

子而安全之也商書曰徯我后后來其蘇此之謂也

人知不棄愛守正戶上下和協靡敵不下

孔注人守正戶言不逃亡

補注此養而兼以教也人知不棄則民氣新愛守正

戶則趨向正如是則長幼有序可以觀禮尊君親上

可以觀義故無敵

執彼玉珪以居其宇庶民咸畊童壯無輔無拂其取通其疆土民之望兵若待父母

孔注彼謂亂邦之君

補注執彼玉珪收其爵也以居其宇鎮其地也庶民咸耕耕者不變也無輔當作是輔或曰無當爲吾聲之誤也無拂其取生有養也通其疆土遠人來也

是故天下一旦而定有四海

補注言易易也一旦猶會朝也

大武解第八

此篇四戚五和見大開武解春違其農見武稱解五衛六庠見酆保解蓋兵家相傳之語而又脫去六庠不載知其遺失多矣篇首武有六制北堂書鈔引作七制敘序所謂七德者即七制歟

武有六制政攻侵伐搏戰

孔注政者征伐之政

補注政征通孟子征之爲言正也攻擊也侵漸進也周禮大司馬負固不服則侵之左傳無鐘鼓曰侵有

鍾鼓曰伐搏取也戰鬭也左傳皆陳曰戰

善政不攻善攻不侵善侵不伐善伐不搏善搏不戰盧文弨曰北堂書鈔一百十三引周書七制一曰征二曰攻三曰侵四曰伐五曰陣六曰戰七曰鬭善征不侵善侵不伐善伐不陣善陣不鬭善鬭不敗與此不同書鈔善征不侵句有脫字

孔注言廟勝也

補注善政不攻戰勝於廟堂也善攻不侵先聲有奪人之志也善侵不伐行軍決勝而人不覺也善伐不搏聲罪致討敵已服也善搏不戰止戈為武無事相殺過當也

政有四戚五和攻有四攻五良侵有四聚三斂伐有四時三興搏有三哀四赦戰有六厲五衛六庫五虞（上六庫鄭保解作五群）

孔注此皆有義然後能致其攻

四戚一內姓二外婚三友朋四同里

孔注言所宜視也

補注此皆與國同休戚者

五和一有天無惡二有人無郄三同好相固四同惡相助

五遠宅不薄（薄去聲與上協）

孔注雖遠居皆厚之

補注有天無惡能奉若也有人無鄰能一心也鄰同隙同好相固有婚姻盟誓之堅同惡相助有驅除並力之義二語見太公武韜篇相固作相趣遠宅不涉盧文弨曰案戰國策黃歇說秦引詩云大武遠宅不涉當是引此文詩必本是書字之誤梁云大武遠宅不涉國策鮑吳兩注及史記正義所解各不同與此文不合似未可牽連也衡案鮑彪秦策注云逸詩武足跡宅猶居也言地之居遠者雖有大足不涉之也吳師道曰威武之大者遠宅定之不必涉其地也史

記春申君列傳正義言大軍不遠涉攻伐案正義所
說是鮑氏高氏俱謂此是逸詩蓋以詩有大武而不
知逸書別有大武解也遠宅不溥薄迫也猶大開武
言遠方不爭也
此九者政之因也
孔注言因此以成政
四攻一攻天時二攻地宜三攻人德四攻行利
孔注攻謂奪其計使不成也
補注攻天時因水因旱因疫且覩歲星所去留攻地

宜謂有間道可入或有險可乘也攻人德因其不和行利則撓壁以餌之也

五良一取仁二取智三取勇四取材五取藝五良據孔注當爲五求盧文弨曰良當爲求求乃來字之誤爲案當爲僞舊作良字爲是

孔注所務來而任之良當爲求之誤也

補注仁智勇材藝五者皆國之良也良如秦有三良之良此專爲選將而言六韜曰將不仁則三軍不親將不勇則三軍不銳將不智則三軍大疑故仁智勇三者取人之首要也材藝如公輸造雲梯墨子修守

具諸葛亮造木牛流馬皆是
此九者攻之開也
孔注言開此道以成攻也
四聚一酌之以仁二懷之以樂三旁聚封人四設圍以信
三斂一男女比二工攻三祗人死樂音洛
孔注祗敬
補注此專爲民而言酌之以仁予以生也懷之以樂
晋以惠也旁聚封人謹斥堠也設圍以信示不欺也
比合也丁男隸卒丁女饋糧無仳離也工百工制器

械者次舍也百工居次則事易成也祇人死者神武不殺也語曰佳兵者不祥坑降卒者無後

此七者使之酌也

孔注言酌此法以成使也

四時·春進其農工夏食其穀三秋取其刈四冬凍其葆

孔注此皆所用以敵之以敵之盧文弨曰當作以毀敵也凍謂發露

其葆聚

補注春進其農見武稱解食其穀取其刈則因糧於敵也葆與堡通小城也凍其葆謂毀其屯聚使彼皆

凍餒也

二與一政以和時二伐亂以治三伐飢以飽

孔注此所行當之也

補注王者應天順人然後舉事故曰政以和時政征也平人之亂而我以仁義節制之師臨之是伐亂以治也我有十年之積而彼無一日之儲是伐飢以飽也漢書韓安國曰臣聞用兵者以飽待飢正治以待其亂本此

此七者伐之機也

孔注機要也以此要成其伐也
三哀一要不羸二喪人三擯厭親
孔注哀敵人之困窮如此要當爲惡擯一作損
補注虛文弨曰案所當哀者羸病者也失位者也六親不能收卹者也正文要不字訛注亦難曉梁處素云不羸當作不羸不足也衡按三哀語多不解凌曙曰哀喪人當如襄十一年公羊傳士句聞齊侯卒引師而去是也
四赦一勝人必羸二取威信復三人樂生身四赦民所惡

樂音洛惡去聲

孔注贏謂益之復謂有之皆赦救也

補注贏與贏通緩也勝人以緩不怒敵也復白也取威信復有罪者殺無罪者活天下共見也人樂生身有以安之也赦民所惡予以不死也

此七者摶之來也

孔注所以懷來之也

六厲一仁厲以行二智厲以道三武厲以勇四師厲以土五校正厲御六射師厲伍行去聲

孔注厲爲治政也□□

補注厲與勵通仁厲以行則無色取之假智厲以道則無詭詐之謀武厲以勇神勇上也氣勇次之貌勇爲下師厲以士如六韜練士篇所載冒刃之士陷陣之士勇鋭之士勇力之士是也校正厲御古者車戰甲士三人左主射右主擊刺御居中央若將所乘車則御者在左勇力之士在右將居鼓下在中央主擊鼓書甘誓御非其馬之正正義御以正馬爲政言御之政事在正馬故校正以厲御則進止合度矣射

師爾伍師法也射有師法則命中易屬武則尙功之義也

五衛一明仁懷怨二明智輔謀輔鄭保解作設三明武攝勇四明材攝士五明義攝官五衛與鄭保解六衛同惟少末句明命攝政盧文弨曰案當有六庠闕

孔注皆所以成戰矣此注當在五慶後

衛注明者表而出之也明仁則百姓懷怨藏諸身而喻乎人也明智則士大夫輔謀君不疑而羣力合也明武則勇足兼人明材則士可兼事明藝則官可兼職攝與左傳成二年攝官承乏之義同謂訓舉得人才

可兼擒也

五虞一鼓走疑二備從來三佐車舉旗四采虞人謀五後動撚之

孔注撚從也皆求安道令之道（盧文弨曰道令二字非衍即訛）

補注鼓走疑審虛實也備從來謀定而後戰也佐車舉旗如龍章鳥章虎章蛇章之類虞人趙曦明疑是與人桼當是山虞澤虞之類以其熟於地形故采其謀以爲鄉導廣雅撚續也王氏疏證曰逸周書大武解後動撚之孔晁注云撚從也從亦相續之義

無競惟害有功無敗

孔注雖强常念害則不敗也

補注無競惟害不以內寧而玩也有功無敗不以大勝而驕也

大明武解第九

此篇於攻城陷敵之法尤爲精備其作於伐崇伐密時乎篇中十因十藝二節文體不類疑非此篇所有

畏嚴大武曰維四方畏威乃寧

孔注大武之道四方畏威天下乃寧之也

補注畏嚴二字疑衍四方畏威則無兵革之事

天作武修戎兵以助義正逆

孔注正順其義

補注天作武奉天討也修戎兵嚴紀律也治國曰義亂邪曰逆助義正逆輔有道以伐無道也

順天行五官官候厥政謂有所亡亡與殃明荒行方韻叶

孔注五官舉大官言之亡無也之言舊倒從盧說改

補注盧文弨曰此五官即曲禮所云司徒司馬司空司士司寇也衡案五官者五行之官六韜五音所謂

五行之神金木水火土各以其勝攻是也左傳昭二十九年蔡墨曰有五行之官是謂五官即此五者俱當奉天而行故曰順官候厥政謂各立一官以候測敵情所屬而因以制勝謂有所亡如敵陣屬木則亡金而吾以白虎方位時日勝之敵陣屬火則亡水而吾以元武方位時日勝之盧以曲禮五官當此與武略無涉

城廓溝渠高厚是量

孔注謂敵人所處也

補注城固而渠深者以守則固以攻則難故當先壘

既踐戎野備慎其殃敬其嚴君乃戰赦乃戰赦三字有脫誤

孔注言當明耳目遠斥候

補注既踐戎野入敵境也備慎其殃三軍之命寄焉

十藝必明加之以十因靡敵不荒

孔注荒敗也

陣若雲布侵若風行輕車翼衛在戎二方

孔注奔敵之陣如此

補注陣若雲布密也侵若風行速也輕車見周禮車

僕後漢輿服志曰輕車古之戰車也翼衛張左右翼
以衛中軍也戎如小戎之戎兵車也二方猶所謂楚
君之戎分爲爲二廣也文選王逸魯靈光殿賦方二
軌而並入李善引儀禮注方併也張銑注方謂二車
相並

我師之窮靡入不剛

孔注知敵人之强乃剛勇也

補注盧文弨曰此卽韓信爲背水陣以破趙者也注
非是衡案孫子所謂投之亡地然後存陷之死地然

後生也

十藝一大援二明從三餘子四長與五代人六刑餘七三

疑八間書九用少十與怨(間去)聲

孔注刑餘赦徒用少者省費與怨離構也

補注大援兵屬利器械也考工記戈廣二寸援四之

注援長八寸直刃也又詩大雅以爾鉤援鉤援引上

城者木明從知方也兵識將意將識士情故曰明從

餘子在兵制則謂之羨卒長與鼓勵士卒之義代卽

管子禁藏所云情代事代政代之代孫子曰上兵伐

謀其次代交其次伐兵伐人之謂也或謂即牧誓所云四伐五伐六伐七伐者蓋教以攻殺擊刺之法刑餘謂赦其罪而令以戰功自贖也三疑盧文弨曰三當爲參衡案即林木設旌旗黑夜擊金鼓之類蓋爲疑兵以誘敵傳所謂多方以誤之管子所謂三驚當一至是也或曰即六韜之三疑間書間諜也孫子有用間篇用少謂以少擊衆六韜云因其驚駭者所以一擊十也因其勞倦暮舍者所以十擊百也吳子云以一擊十莫善於阨以十擊百莫善於險以千擊萬

莫善於阻尉繚子云百萬之衆不用命不如萬人之鬪也萬人之鬪不用命不如百人之奮也蓋兵貴精而不貴多故用少與怨謂激怒彼國而與之戰如晉文公私許復曹衛以攜之執宛春以怒楚是也

十因一樹仁二勝欲三賓客四通旅五親戚六無告七同事八程巧九□能十利事空方疑是與字

孔注凡成皆有因也勝欲以義勝欲

補注樹仁布德也勝欲不貪也賓客攬賢也通旅尼貨也親戚安內也無告振窮也同事一德也程巧尙

技也利事相機也

藝因伐用茫為強轉應天順時時有寒暑暑處夏女下解梁武士播下寡叶

孔注言時有難易也

補注伐用疑代用強轉轉當作輔應天順時時有寒暑宜休息也司馬法曰戰道不違時不歷民病所以愛吾民也冬夏不興師所以兼愛其民也

風雨饑疾民乃不處移散不敗農乃商賈委以淫樂賂以美女

孔注謂扇動之使沈惑也

補注風雨饑疾皆民所不欲故不處移謂移避水潦

散謂散軍歸戍不敗謂立於不敗之地故農得以盡

力田畝而其利乃比於商賈淫樂美女皆用以試敵

且以緩强寇之逼

上八若杖口兵城下高壇臨內日夜不解

孔注杖謂堅也

補注主如齊桓南伐以魯爲主西伐以衞爲主北伐

以燕爲主之義又左傳昭十三年叔向曰齊桓有莒

衙以爲外主有國高以爲內主我先君文公有齊宋秦楚以爲外主有欒郤狐先以爲內主是也杖憑倚也陸賈新語曰任杖不可以不固高壍臨內積土平城以陷敵也日夜不解防突騎以衙我也

方陣並功云何能禦雖易必敬是謂明武

孔注禦當也

補注方陣謂厚集其陣盧文弨曰功與攻同衙案並攻奮力並進故敵莫能禦雖易必敬不玩寇也

城高難平壍之以土開之以走路錢傳器櫓

孔注湮土謂爲土山以臨之也

補注盧文弨曰此湮字與下湮溪皆塡塞之義亦與堙通用左傳井湮木刊从水堙之傳於堞上从土俄傳似當作蛾傳音蟻墨子書有備蛾傳篇趙云傳當爲傅音附著城也衛滎湮之以土如左襄六年傳堙之環城傅於堞宣十五年公羊傳子反乘堙而窺宋城是也堙土山使高與城等而攻之開之以走路所謂闕師必闕也然必設伏以擒之否則蔓衍恐致敗事器械攻城之具左成十六年傳晉楚戰於鄢陵楚

子登巢車以望晉軍巢車車上爲櫓袁曙曰俄俄當如桓二年公羊傳俄而可以爲其矣之俄何注俄者謂須臾之間制得之頃也蓋開之走路旋復以器櫓傳城要截之且斷其歸路也

因風行火障水水下惠用元元文誨其寡

孔注言務恤刑也

補注因風行火者火發上風無攻下風也月在箕壁翼軫則風起是爲起火有日水攻之法先設水平測其高下可以遏而止可以決而流可以漂城灌軍沈

營殺將二者俱當審慎惠順也元元衆庶也文誨其窮如漢高約法三章之類

旁隧外權燎城湮溪老弱單處其謀乃離盧文弨曰離舊作難今依惠士奇定爲離與上溪協

孔注單處謂無保障

補注闕地通路曰隧旁隧謂於偏僻處穿道以攻其不備也權與爟通烽火也後漢郊祀志上宿郊見通權火外權謂於城外數舉烽火以亂之也燎城攻其瑕也湮溪平其險也老弱單處强敵盡於兵也其謀

乃離離散也

旣克和服使衆咸宜竟其金革是謂大夷資離宜夷叶

孔注咸皆夷平

補注旣克和服使衆咸宜叛而伐之服而舍之也竟

其金革則所以善後者不可不備

小明武解第十

三墳補逸曰小明武解通篇皆韻語文多奇古然不

類書體類戰國諸子書大明武解亦多韻語凡下字

皆叶戸韻衡案自武稱至小明武五篇凡選將練士

攻城修備無不精到直高出孫吳之上非太公不能
爲此

凡攻之道必得地勢以順天時觀之以今稽之以古

孔注兵凶器戰危事故以祥順之稽考也

補注得地勢謂地居上游則勢如破竹可以建瓴而
下順天時者推刑德隨斗擊也觀之以今察敵情也
稽之以古閱軍志也

攻其逆政毀其地阻立之五教以惠其下

孔注五教五常之教也

補注攻其逆政則民應毀其地阻則險奪管子兵法
曰教其目以形色之旗教其身以號令之數教其足
以進退之度教其手以長短之利教其心以賞罰之
誠是爲五教惠順也兵者所以全其生故曰惠下
矜寡無告實爲之主五教允中枝葉代舉舉舊作與今從盧說改
孔注爲之君枝葉謂衆善政也
補注矜與鰥通無告窮民也實爲之主謂彼陷溺其
民而我往救之則我爲彼民之主矣允信也中不愆
也枝葉謂一切行軍之務言以五教爲本而他務爲

枝葉也代舉者次第舉行之意

國爲僞巧後宮飾女荒田逐獸田獵之所游觀崇臺泉池

在下淫樂無既百姓辛苦樂音洛

孔注言凡有此事皆可伐

補注如桀紂所爲是已既盡也

上有困令乃有極□上困下騰戎遷其野敦行王法濟用

金鼓

孔注濟成也言以金鼓濟其伐

補注上有困令承上節說騰沸騰也管子君臣篇云

爲人君者倍道棄法而好行私謂之亂爲人臣者變故易常而巧以諂上謂之騰亂至則虐騰至則北此上困下騰之說也戎遷其野四郊多壘之象數行王法討有罪也濟用金鼓者周禮地官鼓人以鼖鼓鼓軍事以金錞和鼓以金鐲節鼓以金鐃止鼓以金鐸通鼓凡軍旅夜鼓鼜軍動則鼓其衆是也

降以列陣無悗怒口按道攻巷無襲門戶悗母本切音懣

孔注言不赦有罪怒伐無辜襲掩也

補注降歸也列行列也陣戰陣也列陣見周禮夏官

大司馬蓋寓兵戰之法於田獵使彼演習之民盡歸行列也盧文弨曰悗與慲懣同當訓爲憤怒字是韻與上下協疑所脫字在上句衡案脫字當在無悗怒上老子曰善戰者不怒漢書魏相曰爭恨小故不忍憤怒者謂之忿兵兵忿者敗此戒之之詞故曰無悗怒梭道攻巷出以律也無襲門戶恐遇伏也盧文弨曰漢武帝封韓說爲梭道侯本此衡案梭通作安如安國安都安成安陽安衆安郭安險安遥之類與此無涉

無受貨賂攻用弓弩上下禱祀靡神不下具行衝梯振以長旗

孔注先祈禱而後攻戰也

補注無受貨賂懼用間以謀我也弓弩器之利者上下禱祀告以與師之故衝衝車梯雲梯皆攻城之具振以長旗麾士卒也

懷戚思終左右憤勇無食六畜無聚子女羣振若雷造於城下鼓行參呼以正什伍

孔注言士卒之奮厲也

補注悽戚同憂患也恩終撫死亡也左右憤勇則人爭效力無食六畜無聚子女戒士卒勿擄掠也鞶振若雷造於城下出不意也鼓行參呼明號令也以正什伍有節制也

上有軒冕斧鉞在下勝國若化故曰明武

孔注軒冕所以爲賞也

補注軒冕以待有功斧鉞以待有罪賞罰明則士用命士用命則無敵勝國若化言易克也

逸周書卷三終

逸周書卷四

晉孔晁注　　江都陳逢衡補注

大匡解第十一

此篇洵救荒良策而言均者凡九末言平均無乏尤與史記平準義近方言平均賦也故篇中有賦洒其幣克賦爲征等語亦以備荒而設祈而不賓以下大約與糴匡同

維周王宅程三年遭天之大荒

孔注程地名在岐州左右後以爲國初王季之子文

王因焉而遭饑饉後乃徙豐焉
補注趙曦明曰竹書紀年文丁五年王季作程邑帝
辛三十三年文王遷於程三十五年周大饑正與此
合衡案周王文王也文未稱王此何以書追稱也三
年謂遷徙人於程之三年宅卽多士宅爾宅之義程
在今陝西西安府咸陽縣東有安陵故城漢書地理
志右扶風安陵闞駰曰安陵本周之程邑也
作大匡以詔牧其方三州之侯咸率
孔注文王初未得三分有二故三州也率謂奉順也

王乃召冢卿三老三吏大夫百執事之人朝於大庭

孔注冢卿孤卿三老三卿也大庭公堂之庭

補注冢卿司徒司馬司空也三老工老商老農老也三吏三卿之副大夫下大夫也百執事之人庶有司也朝於大庭詢國危也惠士奇曰以年曰三老以職曰三吏沈濤曰三吏疑五吏之誤字形相近也

問罷病之故政事之失刑罰之戾哀樂之尤賓客之盛用度之數罷音疲下同樂音洛

孔注戾罪尤過注舊在哀樂之尤下

補注卽成湯六事自責之意

及關市之征山林之匱田宅之荒溝渠之害

孔注匱荒害皆謂官不脩無征征盧文弨曰趙疑是政

補注關市征則商賈不集山林匱則材木不出田宅

荒則五穀不生溝渠害則水利不備

怠墮之過驕頑之虐水旱之菑

孔注皆以爲失之者

補注怠墮之過貨棄於地也驕頑之虐生一殺十也

水旱之菑水菑如堯旱菑如湯也

曰不穀不德政事不時國家罷病不能胥匡二三子不尙助不穀官考厥職鄉問其人

孔注不尙尙也問人政得失

補注穀善也不穀謙詞文王自謂也言所以遭此大荒皆由于不德故政事不時而國家罷病至不能胥匡以生則其勢迫矣然荒歉在天而救荒在人故望羣臣相助爲理二三子指冢卿三老三吏百執事官考厥職則無冗食之員鄉問其人則有備荒之策

因其耆老及其總害愼問其故無隱乃情末二句任昉策秀才文注引

孔注總衆人也
補注耆老士者之民總害謂通都大邑之所害與轄
通故謂疲病之故
及某日以告於廟有不用命有常不赦
孔注明日王至廟告常者常刑也
王既發命入食不舉百官質方口不食饔
孔注不舉樂百官徹膳以思其職方道
補注入食不舉者周禮膳夫王日一舉鼎十有二物
皆有俎以樂侑食大荒則不舉注殺牲盛饌日舉禮

玉藻年不順成天子食無樂注自貶損也不食饔者損祿也墨子七患曰歲饉則仕者大夫皆損祿五分之一旱則損五分之二凶則損五分之三餽則損五分之四饑大侵則盡無祿稟食而已矣曲禮歲凶大夫不食粱

及期日質明王麻衣以朝朝中無采衣

孔注此凶服自居爲荒變

補注麻衣素服也周禮春官司服大荒素服注君臣素服縞冠禮玉藻年不順成天子素服

官考其職鄉問其利因謀其菑旁匡於衆無敢有違

孔注衆衆民也百官率職故無違

補注官考其職則食之者寡鄉問其利則生之者衆此處政事之失也菑謂水旱之菑王氏廣雅疏證曰說文旁溥也爾雅溥大也逸周書旁匡卽大匡也

詰退驕頑方收不服愼惟怠墮什伍相保

孔注方收收其不服化者也

補注此戒驕頑之虐怠墮之過也詰退驕頑則怙侈者警方適作旁方收不服則梗化者刑愼惟怠隋恐

其因循疲玩也什伍相保即保甲之法恐有姦民藉
以爲亂故荒政十二有除盜賊之政
勤勸游居事節時茂農夫任戶戶盡夫出
孔注茂勉也言無戶不出夫以勸農
補注勤勸游居則國無閒民事節則費用省時茂則
生殖繁也農夫任戶任即周禮可任也者家三人家
二人之任戶盡夫出則侯伯亞旅無不力作矣
農廩分鄉鄉命受糧程課物徵躬競比藏
孔注農人藏穀於廩分任諸鄉合課程比藏者比方

其收藏也

補注廩倉廩也農廩分鄉謂六鄉六遂之地各以一鄉大夫主其事即後世常平義倉之謂鄉命受糧屯積以備荒歉也課第也程課謂考試上農下農之次第徵收也物徵謂徵收甲貸乙貸之蓋藏比媿洽比之比躬競比藏則人爭足穀矣此懲田宅之荒也

藏不粥糴糶不加均賦洒其幣鄉正保貸

孔注糴不加均多從所有不限也洒散也幣以糴以貧窮也

補注糴買穀也藏不粥糴謂不使富民市穀居奇以蓋藏爲粥糴之地糴不加均言市穀之法以均爲主不增加也周禮大司徒荒政十二一曰散利鄭司農云散利貸種食也疏謂民無食者從公貸之或爲種子或爲食用至秋熟還公據公家爲散據民往取爲貸然則賦洒其幣據公家而言也鄉正保貸據民往取而言也正長也

成年不償信誠匡助以輔殖財

孔注名曰貸而不償所以生殖民財也

補注成年熟年也不償謂不限以償還之數而民之樂輸者亦聽其自來以備義倉之蓄故曰信誠匡助以輔殖財信誠謂君以實心待民民亦以實心奉上也

財殖足食克賦爲征數口以食食均有賦

孔注均民足食而征其賦以入官也

補注財殖足食言殖財在於足食克賦爲征克能也言民力能納賦然後從而征之數口以食計口授食給口糧也食均有賦旅師所謂春頒而秋斂之也施

彥士曰數口以食如周禮人四鬴人三鬴食貨志曰食人五升之類

外食不贍開關通糧糧窮不轉孤寡不廢

孔注窮征困内不轉出外也

補注贍足也開關通糧移粟以救民也糧窮不轉孤寡不廢謂糧若不足則不通糧而於孤寡之來歸者亦不廢存活之計此移民以就粟也王者有分土無分民其義如此

滯不轉留戍城不留口足以守出旅分均馳車送逝旦夕

轉運空乏疑是食字

孔注口不戍者不令留足以守之衆皆共運之也

補注滯不轉留四方相通之義戍城守邊之士旅衆也戍城不留三句蓋謂徼邊邑之戍使人與食足以相守而已如是則食不耗於邊而且無豫寇之慮故設旦夕運糧之法

於是告四方遊旅旁生忻通津濟道宿所至如歸

孔注有告者窮者有所歸也

補注此爲司關者告也凶荒則流離者多故周禮遺

人縣都之委積以待凶荒凡以待四方遊旅之至也
有橋梁以待津濟有郵亭以待道宿則所至如歸矣
幣租輕乃作母以行其子
孔注以貴重爲母謂錢幣之屬
補注幣珠玉黃金刀布也租稅也在工商曰租籍在
農曰租稅周語單穆公曰古者天災降戾於是乎量
資幣權輕重以振救民民患輕則爲作重幣以行之
於是乎有母權子而行民皆得焉韋昭注民患幣輕
而物貴則作重幣以行其輕也重曰母輕曰子以貿

物物輕則子獨行物重則以母權而行之也子母相
通民皆得其欲也衡案單穆公之說與此義近
易資貴賤以均遊旅使無滯
孔注非但租賦作母行子遊旅易資亦然
補注此卽懋遷有無之義盖天災流行不過一隅而
徵貴徵賤總以平準之法行之則居貨行貨兩得其
平而轉運不窮矣
無粥熟無室市權內外以立均無蚤莫閭次均行
孔注均平民財行之無早晚之常也

補注此爲司市者告也無粥熟熟精熟也米熟則去者多故不使粥無室市謂不私相貿易而市於室凡交易必以司市之官主之防有欺僞也權內外以立均內謂國內外謂國外立均則多少貴賤得其平無蚤暮不限以日中也閭次均行罔不奉也閭巷也次舍也

均行衆從積而勿□（空方疑是壅字）以罰助均無使之窮平均無乏之利民不淫

孔注雖積賞進有無（常進疑作常遇）不隄防之使民有過者

罰其穀幣其穀幣通以助均

補注盧文弨曰罰民有過者其穀幣仍以予民也無使之窮所謂罰其人也不傷財衡案以罰助均即後世以贓罰爲義舉之意周禮秋官職金有金罰貨罰平均無乏地官司市所謂以陳肆辨物而平市以政令禁物靡而均市是也利民不淫富者使亡靡者使微也故王者之民無甚貧亦無甚富

無播蔬無食種

孔注可食之菜曰蔬

補注播棄也無播蔬蓄旨亦所以備荒無食種有種

然後有穫也

以數度多少省用

孔注國家常用

補注此裁用度之費也冢宰豈又爲出是其義周禮

荒政七曰眚禮鄭注眚禮掌職職所謂荒政殺禮者

也

祈而不賓祭服漱不制

孔注不賓殺禮不制不造新也

補注蘄而不賓不廢祭不燕饗也與羅匡勤而不賓同濊滯也沈濤曰桼勤蘄聲之轉蘄讀爲祈

車不雕飾人不食肉畜不食穀

孔注畜謂馬也

補注車不雕飾節無益之費與羅匡車不雕攻同人不食肉減膳也歲凶馬不食穀見曲禮又毛詩雲漢傳歲凶年穀不登則趣馬不秣

國不鄉射樂不牆合牆屋有補無作

孔注皆爲荒降之也

補注國不鄉射謂不行鄉禮射禮禮曰習射尚功習鄉尚齒今以省用故不舉也樂不牆合不宮懸也周禮小胥正樂縣之位王宮縣鄭司農曰宮縣象宮室四面有牆一名牆合曲禮歲凶祭祀不縣牆屋有補

無作緩力役也

資農不敗務

孔注農務不發棄也盧文弨曰一作農桑之務不廢

補注資農補助也不敗務不以他事妨農務也

非公卿不賓賓不過具

孔注唯賓公卿酒食而已

補注此處賓客之盛也公卿指鄰國來聘問者賓不過其謹東道而已不從豐也

哭不留日登降一等

孔注留盡也降一等爲荒廢之也盧文弨曰廢當作降

補注哭不留日荒政所謂殺哀也鄭注殺哀謂省凶也

庶人不獨葬伍有植送往迎來亦如之

孔注均恤與迎亦如植其送迎亦相救也注有訛誤

補注庶人不獨葬鄉里助喪也楢與置通史記孝文
紀餘皆給以置傳集解引廣雅置驛也伍有楢者葢
謂以五人保甲之法安設郵驛以備非常也送往迎
來恐有姦宄利其資橐故亦設伍以衛之周禮大司
馬注楢謂部曲將吏義亦與此相通

有不用命有常不違
補注有常不違猶云有常不赦也

程典解第十二
按竹書紀年帝辛二十九年釋西伯諸侯逆西伯歸

於程卽此篇所云逆諸文王也周大饑在帝辛三十五年則程典當在大臣前此敘書者之誤又案自叻予體民以下皆經國之辭與所謂奉勤於商文王弗忍以命三忠者毫不相屬疑程典篇文已亡此篇所云生穡省用不濫其度牛羊不盡齒不屠與大臣仿佛卽前篇中戒之文故次於後而敘者不察遂以爲卽程典也

維三月既生魄文王合六州之侯奉勤於商

孔注三分天下有其二以伏事殷也（盧文弨曰伏與服同）

補注按竹書紀年帝辛三十年春三月西伯率諸侯入貢與此解合蓋程典作於逆西伯歸程之後文王在程故云程典是爲文王即位之四十一年在帝辛釋西伯之次年下文商王用宗讒蓋述前事事在帝辛二十三年六州荆梁雍豫徐揚也率勤服勞王家也是時諸侯意欲叛紂文猶率以歸命故左襄四年傳韓獻子言於朝曰文王帥殷之叛國以事紂惟知時也

商王用宗讒震怒無疆

孔注宗衆疆境也
補注謝墉曰宗不當訓衆六州歸化安得衆人讒之當是商宗之人耳程榮本宗下作方國盍亦疑之衡案宗讒作衆讒解亦可當紂之時文王旣不諂事左右崇侯左疆之輩羣起謠諑故曰衆或曰古崇字作崈此宗卽崈之誤盍卽指崇侯虎讒怒無疆言紂怒不可測文於是有牖里之囚案程典作於帝辛二十九年文王歸程之後此盍追敘前事緣起也
諸侯不娛逆諸文王文王弗忍乃作程典以命三忠

孔注娛樂也不忍從諸侯即王位所以爲至德與常

也

補注逆諸文王即竹書紀年帝辛三十九年諸侯逆

西伯歸程之事三忠惠士奇曰即三公盧文弨曰疑

本或作三惡國策臣作惡古字也

曰助予體民無小不敬如毛在躬拔之痛無不省

孔注毛以喻小也無不省故宜敬小也

補注文王視民如傷故有斯喻

政失患作作而無備死亡不誠誠在往事備必慎句思備

慎地句舊作備思地三字今案下交有慎地二字故據以增改思地慎制句思制慎人句思人慎德句德開句開乃無患潘氏古逸此節點句俱誤

孔注以往事戒將來開通言德合也

補注政失則患作作而無備則死亡近不誠謂不知懼誠在往事則備必慎前車不可不鑒也思備慎地思地慎制有土此有財有財此有用也思制慎人有人此有土也思人慎德有德此有人也德開者大啟之義開則有備故無患

慎德必躬恕恕以明德德當天而慎下

孔注以慎道教天下

補注此以下言慎德也爲政在人取人以身故慎德必躬恕有諸己而后求諸人無諸己而后非諸人故恕以明德左襄二十四年傳恕思以明德即此義當天者達天也慎下者接人也

下爲上貸力競以讓讓德乃行

孔注以讓爲化

補注貸稱貸也周禮泉府凡民之貸者鄭司農曰貸者謂從官借本賈也故曰下爲上貸力競以讓相爭

以禮讓爲先也

慎下必翼上上中立而下比爭句省和而順句慎同句攜乃爭和乃比盧本上中立而下比句爭省句和而順句又云此下舊有慎同二字乃校者之辭誤入正文今删衛棻鍾本句讀甚合今從之

孔注翼敬也中立謂無比也

補注此以下言慎人也翼戴也慎下必翼上能得人則有臣鄰之輔矣中立有調亭兩可之意故下比爭論語君子周而不比又云君子矜而不爭比爭皆非美德比則黨爭則亂省察也省和而順則無比爭之

患同則偏而害上故當愼同攜貳也攜乃爭分黨角

立也和乃比羣小附合也

比事無政無政無選無選民乃頑頑乃害上

孔注無雋選之士在官故頑民害上

補注政者正也比則不公焉得有政無政則小人乘

君子之位故無選無選謂無辨別也民頑則不順故

害上

故選官以明訓頑民乃順愼守其敎小大有度以備留寇

孔注小大口吉凶也

補注選官辨論官材也明訓如月吉讀法之類頑民乃順不悖上也愼守其數法有常也小大謂大事小事菑天菑寇外寇也

協其三族固其四援明其伍候習其武誡依其山川通其舟車利其守務援於眷反

孔注脩文教誡武備聖王之事

補注協其三族庇本根也固其四援備屏籓也明其伍候錄兵士也習其武誡教戰陳也依其山川度城邑也通其舟車足貨財也利其守務備機宜也惠氏

禮說曰左傳親其人民明其五候賈逵云五候五方之候王肅云五候山候林候澤候川候平地候葢遏云五候候四方及國中之姦謀衡策昭二十三年沈尹戌曰慎其四竟結其四援四援與四竟連敘猶所謂四達也又云正其疆埸脩其土田險其走集親其民人明其伍候信其鄰國慎其官守守其交禮伍候與疆埸土田走集民人鄰國官守交禮並敘則伍候不必作五候明矣杜注使民有部伍相爲候望甚洽

士大夫不雜於工商

孔注使各專其業商不厚工不巧農不力不可成治
必善其事治乃成也
補注士大夫一國託望不可不尊若惟利是趨則失
身賤行所辱多矣
士之子不知義不可以長幼長上聲
孔注有士行之義方爲士
補注士不知義不學故也不可以長幼言不可以入
學與冑子齒也
工不族居不足以給官族不鄉別不可以入惠

孔注族謂羣也不別其鄉難以行其惠也

補注族居謂羣聚州處也論語百工居肆以成其事故工不族居不足以給官六輔六守篇謂工一其鄉則器足是也族不鄉別族如宗以族得民之族鄉如管子商之鄉六士鄉十五是也無別則言尨事雜無以納於訓患矣

爲上不明爲下不順無醜

孔注言國無恥醜也

補注謝墉曰醜當訓類注似誤解衡棻作恥字解爲

得蓋在位者不明制度以訓下在下者不順功令而

悖上則國無恥醜可知

輕其行多不愚不智

孔注不重其行自多其愚何智之有

慎地必爲之圖以舉其物物其善惡

孔注別其地所生之善惡也

補注此以下言慎地也必爲之圖以舉其物者地官

大司徒以天下土地之圖周知九州之地域廣輪之

數辨其山林川澤丘陵墳衍原隰之名物是也物其

善惡則地有肥磽也

度其高下利其陂溝愛其農時脩其等列務其土實

孔注務其勤樹藝也其勤疑倒誤

補注度其高下物有宜燥宜濕之分也利其陂溝通溝洫以資灌溉也愛其農時使得盡力耕耨也脩其等列授田各有上中下之不同也務其土實五穀爲上農圃次之不使逐末也

差其施賦設得其宜宜協其務務應其趣

孔注言其所施當也

補注差等也施謂所出賦謂所入如春頒秋斂之謂設得其宜則生物者衆宜協其務則用力者專務應其趣則奉公者急

愼用必愛工攻其材商通其財百物鳥獸魚鼈無不順時

孔注順時所謂愛之也

補注此以下言愼制也愼用卽愼制上言愼地開其源此言愼用節其流也愛惜也工攻其材治器也商通其財易貨也百物鳥獸魚鼈無不順時則撙節愛養之效也

生穡省用不濫其度津不行火藪林不伐

孔注濫過也非時不火不伐也

補注凡物暴長者其生不遂故生者穡之則土力不匱省用從儉也津不行火備柴薪也藪林不伐儲材木也

牛羊不盡齒不屠

孔注老不任用食之

補注蕃牧畜也

士勸不極美美不害用用乃思慎口備不敬不意多用用字

舊作空闕今據孔注添補用寡立親用勝懷遠遠格而邇安

孔注多用謂振施也格至也格至也三字舊在謂終其義也下今移置此

補注上勸勸耕也不極美謂不窮極其美也極美則上耗美不害用物可常繼也用乃思慎有節也用寡立親儉從近也如後世不寵椒房之謂用勝懷遠厚於往也如後世金繒互市之謂

於安思危於始思終於邇思備於遠思近於老思行不備無違嚴戒左襄十一年傳魏絳引書曰居安思危思則有備有備無患敢以此規此指上三句蓋引程典而鈔變其辭也杜氏截居安思危一語下注云逸書似不合案此篇左傳所載尚有厲君安其樂而思其終之語思

終二字亦本此

孔注必有忍乃有濟也終謂終其義也謝墉曰必有忍句引用無引疑正文有脫句衡案必有忍七字疑是寶典解惠而能忍下注

補注於安思危於始思終豫也於邇思備於遠思近互文也遠近無不思周備也於老思行有惟恐不及之意不備者政失患作而無備也無遐嚴戒文與諸臣共懔之詞

程寤解第十三 七

此篇紀太姒得吉夢寤驚以告事周禮占夢所謂寤

夢也詩大雅皇矣居岐之陽疏云周書稱文王在程
作程寤程典是時文王宅程故謂之程寤其文背亡
盧本據藝文類聚太平御覽補文王去商在程正月
既生魄太姒夢見商之庭産棘小子發取周庭之梓
樹於闕間化爲松柏棫柞寤驚以告文王文王乃召
太子發占之於明堂王及太子發並拜吉夢受商之
大命於皇天上帝凡七十五字然割裂抄撮究不知
原文何若今仍從舊闕而附集諸書所引畧存其概
藝文類聚七十九引周書曰大姒夢見商之庭産棘太

子發取周庭之梓樹於闕梓化爲松栢棫柞寐當作覺寤

以告文王文王乃召太子發占之於明堂王及太子發

並拜吉夢受商之大命於皇天上帝

又八十八引太公兵法周太姒夢周梓化爲松

又八十九引周書程寤曰文王在翟當作程夢南當作庭商

生棘小子發取周庭之梓於闕間化松栢棫柞驚以告

文王文王召發於明堂拜吉夢受商大命

太平御覽三百九十七引周書曰文王去商在程正月

既生魄太姒夢見商之庭產棘小子發取周庭之梓樹

於闕間化爲松柏棫柞寤驚以告文王王及太子發並拜吉夢受商之大命於皇天上帝

又五百三十五引程寤曰文王在翟（當作程）太姒夢見商之庭產棘小子發取周庭之梓樹於闕間化爲松柏棫柞驚以告文王文王召發於明堂拜告受商之大命

又九百五十三引周書曰太姒夢周梓化爲松

又九百五十八引周書曰太姒夢梓化爲杞又引周書曰太姒夢太子發取周庭之梓樹於商闕間化爲松柏

案御覽於柏類不引周書而於杞類梓類並云化爲杞當屬誤引

又九百五十九引周書曰太姒夢見商之庭產棘衡菜此非所載莫古於潛夫論其夢列篇云大姒有吉夢文王不敢康吉祀於羣神然後占於明堂並拜吉夢修發戒懼聞喜若憂故能成吉以有天下又博物志云太姒夢見商之庭產棘乃小子發取周庭梓樹樹之於闕間化爲松柏棫柞覺驚以告文王文王曰愼勿言冬日之陽夏日之餘（餘當作陰）不召而萬物自來天道尚左日月西移地道尚右水潦東流天不享於殷自發之未生於今十年（當作六十年）禹（當作夷）羊在牧

水潦東流四字重出當衍天下飛鴻滿野天下二字亦係衍文蓋因上文水潦東流下有天下二字而誤日之出地無移照乎地當作也移當作私乎字衍校所云冬日之陽數語見大聚解天道尙左數語見武順解天不享於殷數語見度邑解末句見周祝解則太姒夢商庭產棘云云定爲周書無疑其連接數篇成文乃傳寫之誤又竹書紀年周武王下注太姒夢商庭生棘太子發植梓樹於闕間化爲松柏棫柞以告文王文王幣率羣臣與發並拜吉夢亦本程寤又案太平御覽八十四引帝王世紀十年正月文王自

商至程太姒夢商庭生棘太子發取周庭之梓樹之於闕間梓化爲松柏棫柞覺而驚以告文王文王不敢占召太子發命祝以幣告於宗廟羣神然後占之於明堂及發並拜吉夢遂作程寤廬文詔日當亦本諸周書及發上有脫字衡案十年蓋謂因羑里後之十年

秦陰解第十四七

此蓋泰陰之訛也疑所闕殆如史記白圭傳太陰在卯穰明歲衰惡之義蓋以推豐歉而務積聚也故次

於大匡程典之後否則當爲兵家占驗之書

九政解第十五 亡

九政九征也卽周禮大司馬九伐之義

九開解第十六 亡

案大開解有兆墓九開之語兆墓是兆基之誤大開又言九過九禁九敎九利並有綱而無目疑其詳具載於九開而今不傳矣

劉法解第十七 亡

爾雅釋詁劉殺也書曰咸劉克敵此劉法當是軍書

與嘗麥解大正所作刑書異

文開解第十八亡

文文王也開啓也諸臣遵文王之教用是修和有夏遂爲四友

保開解第十九亡

保開者明哲保身之謂詩曰畏天之威于時保之葢文王當亂世懲七年羑里之事而因以自戒也

八繁解第二十亡

繁者奢之漸也紂之失以奢文欲以儉德轉之故有

八繁之戒疑與箕子八條之教相似

逸周書卷五

江都陳逢衡補注

鄷保大開小開文
儆四篇孔氏無注

鄷保解第二十一

此篇當在大匡程典二篇前案紀年帝辛三十五年周大饑文於是有大匡之訓則文王四十七年也而帝辛二十九年釋西伯諸侯逆西伯歸於程作程典則文王四十一年也故程典當在大匡前此篇云惟二十三祀是爲帝辛十二年故鄷保又當在程典前也

維二十三祀庚子朔九州之侯咸格於周王在酆昧爽立於少庭

補注九州當作六州即程典解六州之侯文王祇三分有二不得云九州古九六多混格至也酆邑名在今陝西西安府西南七十里紊帝辛三十五年西伯自程遷於酆此時宅程而云在酆者文王至酆會諸侯也昧爽由闇而明夜嚮晨也少庭燕寢之處王有大庭少庭大庭以詢衆少庭以寢息施彥士曰以天元歷推之文王二十三祀爲中元五十七章第三歲

歲次庚戌置距章平朔二十四閏朔一共二十五朔
以朔策乘之得七百八十三萬二一六四七一三爲中
積加朔應一十二日一一二七七六四四除旬周餘
三十日零三七七四八九四四是歲天正月甲午朔
先庚子六日不合若丑月癸亥朔則無庚子矣推前
一年己酉歲天正月置平朔十二加閏朔一以朔策
乘之得三百八十三萬八九七六五○七六加朔應
十二日一一二七七六四四累除旬周六十餘三十
六日○一○四二七二大餘命甲恰是庚子

王告周公旦曰嗚呼諸侯咸格來慶辛苦役商吾何保守何用行旦拜手稽首曰商爲無道棄德刑範欺侮羣臣辛苦百姓忍辱諸侯莫大之綱福其亡亡（句鐘本福其亡三字斷句誤）人惟庸王其祀德純禮（句鐘本王其祀斷句誤）明允無二卑位柔色金聲以合之

補注棄德刑範言蔑德用刑也莫大之綱福其亡亡言與國相維繫者莫大於羣臣百姓諸侯而俱受其虞則滅亡可待矣亡亡者重言以見義也人惟庸三字當在末句下祀德純禮至治馨也明允無二昭忠

信也卑位謙也柔色和也金聲大而遠也如是以合
四方則人無不用命矣故曰人惟庸與庸徽戚和遠
人惟庸同義

王乃命三公九卿及百姓之人曰恭敬齊潔咸格而祀於
上帝商饋始於王因饗諸侯重禮庶吏出送於郊樹昏於
崇內備五祥六衛七厲十敗四葛外用四蠹五落六容七
惡

補注三公司徒司馬司空也九卿泛指羣臣恭敬齊
潔咸格而祀於上帝王命三公九卿百姓之語止此

言上下一心俱潔齊相見以昭事上帝也商饋始於
王以下紀是月在鄷受饋發令諸事饋始於王重周
旦何周也因饗諸侯諸侯咸在鄷因以饗之也重禮
庶吏優待來饋之使臣及陪從也出送於郊盡賓禮
謹臣節也崇紂黨惡之國且鄰於鄷故樹昏於崇使
不備已也淮南道應訓文王歸乃爲玉門築靈臺相
女童擊鐘鼓以待紂之失紂聞之曰西伯昌改道易
行吾無憂矣此樹昏之證也五祥六衛七厲十敗四
葛俱用以治國故曰內備四蠹五落六容七惡俱用

以制敵故曰外用

五祥一君選擇二官得度三務不舍四不行賂五察民困

補注君選擇論定後官也官得度官不失職也務不舍慎刑罰也舍與赦通漢書朱博傳赦以事君常刑不舍爾雅釋詁赦舍也秋官司刺掌三刺三宥三赦之法鄭注赦舍也不行賂則官無失德察民困則民說無竊五者皆以福國庇民故曰祥

六衛一明仁懷怨二明智設謀三明戒攝勇四明才攝士五明德攝官六明命攝政*盧文弨曰按此太衛與前卷大武解有相同者明智設謀前卷*

作明智輔謀又明成攝勇戒本或作武明明德攝官本或作明藝法官疑皆後人以前卷改易此文也

補注趙曦明曰明戒以攝其勇則知方而不妄逞明德以攝其官則在官者皆以實心行實政矣衛案五衛已見大武解設謀疑作攝謀明戒當從大武作明武明才即明材明德即明義明命攝政威福在御也六者皆以輔弼君德故曰衛

七厲一翼勤厲務二動正厲民三靜兆厲武四翼藝厲物五翼言厲復六翼敬厲衆七翼知厲道

補注厲與勵通翼輔也勤勞也務庶務也無偏陂之

謂正動必以正則民有所觀法故厲民兆朕兆也武威也神明剛斷不予人以窺測故厲武藝技藝也物猶事也復踐言也不失禮之謂敬衆謂衆人心有所明曰知道者當然之則七者皆有儆惕之義故曰厲

十敗一佞人敗樸二諂言毀積三陰資自舉四女貨迷禍五比黨不揀六佞說鬻獄七神寵敗卜八賓祭推穀九忿言自辱十巽姓亂族

補注樸質樸也佞人巧言故敗樸諂言譏間之言毀積者衆口鑠金羣輕折軸也陰資自舉謂陰有所資

而褱善以自舉此竊祿竊名之輩女貨速禍女謂色
貨謂財有一於此國必亡故速禍盧文弨曰此即左
傳叔向所云女富溢尤也比此黨不揀則舉小進佞說
嚚獄則典獄抵謝墉曰亦即左傳叔向所云鮒也嚚
獄衡案佞說者呂刑所謂佞折獄嚚獄則惟貨惟來
是也神龜敗卜趙曦明曰此如詩所云我龜旣厭不
我告猶也衡案卜以人道爲憑若以龜爲神而不審
之人事則所以卜者必敗推離也穀善也賓祭國之
大事而離棄善人則神不享而鄉不和忿言惡言也

出乎爾者反乎爾故自辱其姓亂族則譜牒紊十者
俱足以覆亡家國故曰敗
四葛一葛其農時不移二費其士慮不化三正賞罰獄無
姦奇四葛葛其戎謀族乃不罰奇居宜反
補注葛義不可解或曰葛取斬斷之義葛其農時不
移者春耕夏耘時有一定不可奪也費其士慮不化
者騂剛用牛赤騂用羊費有必用不可惜也賞罰者
國之大柄事盡於一則無乞恩倖免之路故獄無姦
奇梁處素曰姦奇卽姦邪盧文弨曰奇當如奇請宅

比之奇衡桉奇請宅比見漢刑法志師古曰奇請謂常文之外主者别有所請以定罪也宅比謂引宅類以比附之稍增條律也桉此說於葛義尤合葛其或謀者或大也絶其大謀使不敢逞則宗子勢臣皆安受其福矣故曰族乃不罰此四者皆當裁決不可少存游移之見故曰葛盜農失其時種失其糞則有終歲不獲之憂賞罰不公或謀不消則有玩法長奸之弊

四蠹一美好怪奇以治之二淫言流說以服之三羣巧仍

興以力之四神巫蠱寵以惑之

補注蠱者蟲生木中之謂美好怪奇以蠱其目淫言流說以蠱其耳粹巧仍興以蠱其物力神巫蠱寵以蠱其志氣四者皆足以惑溺其心故曰蠱

五落一示吾貞以移其名二徵降霜雪以取松栢三信蟜萌莫能安宅四厚其禱巫其謀乃獲五流德飄枉以明其惡

補注落如落實取材之落示吾貞以移其名謂以義正我而四以治人之不義也松栢喻賢臣徵降霜雪

以觀其後測士窮見節義故取以助已信蝺萌莫能

安宅未詳盧文弨曰恐云周禮占夢舍萌於四方眡

祓掌安宅敘降衡梭此第截取萌與安宅三字爲解

與文義不合俟考厚其禱巫謂以神道惑之使彼棄

人信天如元都氏所爲則吾得遂其謀矣流德飄枉

飄風貌枉邪曲也布吾之德以風指彼之不德則其

惡見矣故曰以明其惡或曰飄當作諷

六容一游言二行商工三軍旅之庸四外風之所揚五囷

失而亡作事應時時乃喪其厚使以往來其所藏喪本辟

補注容防隱也游言無根之言則防其惑聽行遊也通商工則防有奸細庸功也軍旅之庸則防有冒功外國之所揚謂風聞之事則防其無實困失而亡之人宜其悖亂狂惑而乃作事應時是不當困失而喪亡也則防其有詐厚使以往來其所藏謂厚待其使以餌之則彼國深隱之事均傾心相告而我得知其所藏矣然亦防其作僞反爲所誘五者俱當深察其事而不可不預防者也故曰容

七惡一以物角兵二令美其前而辱其傷三間於大國安

得吉因四交其所親靜之以物則以流其身五卒諸侯以

朝賢人而已猶不往六令之有求遂以生尤七見親所親

勿與深謀命友人疑間去聲

補注此段多不可解訛誤顯然

旦拜曰嗚呼王孫其尊句孫音遜鐘本遜天下二字斷句誤天下適無見過

過適二字衍鐘本過適無好四字句誤無好自益以明而迹嗚呼敬哉觀

五祥六衛七厲十敗四葛不脩國乃不固務周四鄰五落

六容七惡不時不允不卒不綫盧文弨曰綫或作綴或作綴皆訛疑當作綏反

以自薄嗚呼深念之哉重維之哉不深乃權不重從權乃

心不從乃潰潰不可復戒後人其用汝謀王曰允哉

補注王孫其尊謂自貶損也天下適無見過猶所謂無得罪於羣臣百姓也無好自益不自滿也以明而迹則萬物皆相見矣案正文反以自薄不當緊接王曰允哉其嗚呼深念之哉至其用汝謀疑是小開解謀夫鮮無害下錯簡不時不允以下義俱未詳其用汝謀亦非周公對文王語

大開解第二十二

大開卽維鄷保而作故亦曰王在鄷立於少庭篇中九過九禁九敎九利俱未敘說蓋不全之文有如武儆銓法器服諸解

維王二月既生魄王在酆立於少庭兆墓九開開厥後人
八儆五戒
補注既生魄望後一日也兆通作肇墓當作基九開
周書篇名今亡開厥後人猶所謂佑啓我後人也
八儆一□旦於開二躬脩九過三族脩九禁四無競維義
五習用九教六□用守備七足用九利八寧用懷□
補注九過九禁九教九利條目俱不詳躬脩九過則
自治嚴九過别見文政解族脩九禁則犯法寡無競
維義向義則不爭也習用九教如九職任萬民之類

足用九利如九賦斂財九式均用之類

五戒一祇用謀宗二經內戒工三無遠親戚四雕無薄口

五禱無憂玉及爲人盡不足王拜儆我後人謀競不可以

藏戒後人其用汝謀維宿不悉日不足及爲人下脫誤錢本句讀不足據

補注祇敬也敬用謀宗則九族睦矣經內戒工齊其

家也工通作功經內如天官內宰掌書版圖之灋以

治王內之政令戒功如獻穜稑之種以及蠶於北郊

之類無遠親戚不使故舊大臣有怨也禱無憂玉古

者禱有璠玉不惜費也

小開解第二十三

小開作於文王三十五祀是爲帝辛二十四年其次序亦當在大匡程典前桉帝辛二十三年囚西伯二十九年釋西伯則此七年中西伯無由在周有冊命也此篇當在囚羑里之前

維三十有五祀正月丙子拜望食無時五祀下舊有王念曰多口五字桉王念念曰三字當在下文嗚呼之上今移置彼而衍下曰字並此處多口二字

補注丙子日望食月食是日周地月食不以時文於是循救月之典故曰拜望食無時案月象臣道紂忌

文故天垂其象施彥士日以徐圖臣天元歷法推之
文王三十五祀爲中元五十七章第十五歲歲次壬
戌置距章平朔一百六十八朔加閏朔五共一百七
十三朔以朔策乘之得五千一百〇八日七九一八
一三九六爲中積加朔應一什二日一一二七七六
四四除旬周餘二十日〇九〇四五九〇四大餘甲
申日爲天正月朔則望爲戊戌寅月癸未朔則望爲
丁酉在內了後二十二日不合另推文王三十四祀
爲中元五十七章第十四歲歲次辛酉置距章十三

歲平朔一百五十六閏朔五共一百六十一朔以朔
策乘之得四千七百五十四日四二四七五一七二
爲中積加一朔一望再加朔應除旬周餘十日八三
三四一〇九四爲丑月經望分大餘命甲得甲戌丙
子爲丑月十七日以定望推之當亦不遠又以交應
加中積除交策餘一日有寄亦合食限三十五祀疑
當作三十四祀

王念曰嗚呼汝闕後嗣句謀於來後之人汝闕後嗣謀五字舊在日字上今案文義移在嗚呼下子闕在昔日明明非常維德爲明句總下舊衍日字鍾

本繼德曰爲句　食無時句　汝夜句　何修非躬何愼非言何
明字爲下讀
擇非德

補注汝開後嗣汝指太子發猶文傚汝敬之哉文傳吾語汝所保所守也文懼月食之變恐有不測故言汝當敬佑後嗣也來後猶後來來後之人指子孫言明明非常維德爲明言上天垂象莫大於日月故有非常之變必有非常之災則惟修德格天可以復其明明之象也況今者食不以時則尤災之大者汝當掖予修德以挽之夜與掖通汝夜猶益稷篇汝翼汝

爲汝明汝聽也或曰明明非常與呂刑明明棐常同義亦通何修非彝盡臣職也何愼非言慍讒口也何擇非德普仁施也

嗚呼敬之哉汝恭聞不命賈粥不讐謀念之哉不崇禍招無曰不免不庸不茂不次（句鍾本不庸不茂句誤）人當不謀（句鍾本不次人當句誤）迷弄非人

補注不讀如丕丕命大命也賈粥不讐麥晤曰當如詩所謂賈用不售也說文鬻今俗作粥史記高祖讐數倍如淳曰讐亦售也言如商賈粥貨不售可不謀

念之哉施彥士曰文王抱服事之忠而不見答如賈之不見售也是年即囚羑里之年蓋已聞崇侯之讒又感月食之變能不謀念之哉索求也禍福無不自己求之今禍非自作詎必不免衡案庸功也茂勉也次序也不庸則放佚不勉則叢脞不次則陵亂有此三者則人離不謀而集矣迷昏迷弃暴弃非人謂身應其咎自貽伊戚無與於人也

朕聞用人不以謀說說惡謟言色不知適適不知謀謀泄汝躬不允惡去聲

補注便於口者多不忠故用人不以謀說盧文弨曰
謟音叨疑也或作諂亦通衡按謟言無實之言適猝
然造次之頃謀中藏祕密之事色不知適謂有觸即
形莊子大宗師所謂造適不及笑獻笑不及排是也
適不知謀謂偶然流露之處其識不可掩如衛姬見
桓公請罪仲父知桓公舍衛之類言當守口如瓶防
意如城不可忽也允信也謀泄故躬不允者機事欲
其密也不密則害成故不允

嗚呼敬之哉朕聞曰謀有共輔始乃句而舍人之好句鍾本謀

有其軿句如乃後之人舊在敬之哉下佚而無窮貴而不
而合句俱誤　按文義當在此
傲富而不驕兩而不爭聞而不遙遠而不絕窮而不匱者
鮮矣汝謀斯句何觽非翼句維有其枳句枳亡重句大害
句小不堪柯句引維德之用用皆在國謀大鮮無害說文軿與
栰通莁如勇反集韻音拊好聞俱去聲鮮上聲前鄭保解
嗚呼深念之哉重維之哉不深乃權不重從權乃慰不從
乃潰潰不可復戒後人其用
汝謀三十五字當在此節
補注謀有其軿如乃言謀事當相輔而後有濟乃難
也盧文弨曰惠云如讀若而讀曰衡桉乃即莊子大
宗師是自其所以乃之乃蓋其難其慎而唯恐或泄

之義卽承上謀泄汝躬不允說惠氏讀不可解舍施也施人之好則能從欲以治矣佚而無窮七句皆難能之事故曰鮮佚安逸也窮困窮也佚而無窮非恭已而治者不能貴則易傲富則易驕不驕不傲則保家之主也兩則必爭兩而不爭則能下人者必能長人矣聞令聞也聲聞過情君子恥之故不遙遠而不絕言德能及遠則遺澤長故不絕匱竭也窮而不竭則內難而能正其志矣汝謀斯斯卽指上七事何嚮非翼嚮往也翼燕翼也枳多刺可以禦外侮故借以

爲屏藩之義然又恐有震主之嫌故曰枳亡重叠尾大不掉則爲國大害而動掣其肘不少假以事權則又小不堪柯無以爲棟梁之器況乎維德之用所以挽天災而開後嗣者用皆在國而可不兢兢乎引適作猶謀大妄圖也鮮少也覬覦天命以小謀大則鮮有不害者

嗚呼汝何敬非時何擇非德枳維大人大人枳維公公枳維卿舊脫枳維公公枳五字盧從後漢注補今從之又云章懷注後漢書引此作周書呂刑篇衛棨盧叠據汲古閣本作呂刑誤卿枳維大夫大夫枳維士登登皇皇君枳維

國國枳維都都枳維邑邑枳維家家枳維欲無疆

補注何敬非時造次顛沛不戲豫也何擇非德見上後漢馮敬通顯志賦摭六枳而爲籬兮章懷注摭立也枳芬木也枳之爲木芳而多刺可以爲籬此云六枳東觀記作八枳案周書小開篇曰（小開汲古閣本作呂刑誤今據大德本後漢書改正朱竹垞經義考亦引作呂刑失之）嗚呼汝何敬非時何擇非德德枳維大人大人枳維公公枳維卿卿枳維大夫大夫枳維士登登皇口維國國枳維都都枳維邑邑枳維家家枳維欲無疆言上下相維遞爲藩蔽

也其數有八與東觀同此爲六衡案周書舊本無大人枳維公一曆而君枳維國章懷注引止維國二字故合八枳之數今依添維公一曆則九枳矣古九與六多混焉賦六枳或九枳之訛德枳維大人人能宏道也大人帝王之號公之爲言公正無私也三公宏化寅亮天地弼予一人故曰大人枳維公書立政篇有三公又有三孤遂三公之貳以上大夫爲之王制上大夫卿故曰公枳維卿大夫有中有下爵次於卿而以扶助爲義故曰卿枳維大夫士有上士中士下

士名職甚衆或爲公臣或爲家臣俱任事於大夫各以其屬故曰大夫枳維士也左傳王臣公公臣大夫大夫臣士即此義又春秋說有六輔公輔天子卿輔公大夫輔卿士輔大夫京師輔君諸夏輔京師亦本此登登皇皇美大之辭登登猶烝烝也魯頌泮水篇烝烝皇皇毛傳烝烝厚也皇皇美也家枳維欲無疆萬年厭乃德也

動有三極用有九因因（因當作政）有四戚五和（和舊作私誤）極明與與有畏勸汝何異非義何畏非世何勸非樂謀獲三極無

軀動獲九因無限務用三德順攻奸口言彼翼翼在意伋
順攻至意似有脫誤時德春育生素草蕭疏數滿施彥士曰數當作藪夏育長
美柯華務求瘠秋初藝不節落冬大劉倍信何謀本口時
歲至天視何謀至天視有脫誤嗚呼汝何監非時何務非德何興非
因何用非極維周於民人謀兢不可以後戒後戒宿不悉
目不足維周於民人下脫誤重復鍾本何讀不可從
補注三極九因四戚五和三德條目俱不詳三極別
見小開武解四戚五和見大武解又見大開武解何
異非義義與時遷故不同何畏非世世與運更故可

懽何勸非樂樂與人同故當勉謀獲三極則可久故無疆動獲九因則可大故無限三德別見寤儆解時德謂四時之德劉殺也大寒將至用刑不爽故曰倍信監視也何監非時順天道也何務非德務用三德也何興非因用有九因足以興也何用非極動有三極無非用也九因別見大開武解餘義俱未詳

文儆解第二十四

此因拜受吉夢於明堂之後恐後嗣以吉祥廢人事也利惟生痛則變而之善私惟生抗則變而之不善

上行下效捷於影響則所以廸屢者不可不愼方正

學疑此篇非聖人之言過矣

惟文王告夢懼後嗣之無保

補注告夢即告程寤之夢

庚辰詔太子發曰汝敬之哉民物多變民何嚮非利利維生痛痛維生樂樂維生禮禮維生義義維生仁樂音洛

補注庚辰日也或謂即前篇正月丙子後四日據御覽三百九十七引周書文王去商在程正月旣生魄大姒夢見商之庭産棘云云是爲正月望後之一日

据施彥士排月食爲正月十七日丙子而大姒之夢爲正月十八日丁丑文於是日拜受吉夢於明堂作程寤其篇亡又於後三日作此篇以儆太子發謂之文儆是爲二十一日庚辰本一時事也民物多變當思其難保公而溥曰利何嚮非利民之趨慕養欲給求皆美利也利維生痛仰事俯畜一有不贍則愁苦怨恨常相憐也痛維生樂憂戚與共則家室安家室安則歡欣見也樂維生禮和而泰則有自然之品節也禮維生義親疏貴賤有品節斯有裁制也義維生

仁事有裁制則心安理得也諸言生者謂必至於此也

嗚呼敬之哉民之適敗上察下遂信何嚮非私私維生抗抗維生奪奪維生亂亂維生亡亡維生死

補注此因上文而反言以明之適至也民之至於敗由於上析秋毫而民信之也私與利相反溥得曰利獨據曰私相挺而起曰抗必期於得而不我與則奪奪則上下交征而禍亂作亂則小者滅身大者滅族而死亡相繼矣言在上者當公其利而不可導以私

也

嗚呼敬之哉汝慎守勿失以詔有司夙夜勿忘若民之嚮引汝何慎非遂遂時不遠非本非標非微非煇壞非壞不高水非水不流谷子制言篇人非人不濟馬非馬不走土非土不高水非水不流嗚呼敬之哉倍本者槁汝何葆非監不惟一保監順時維周於民之適敗無有時蓋後戒後戒謀念勿擇汝何葆以下錯誤重複不可解鍾本何讀俱屬武斷

補注慎守勿失以詔有司正一身以正朝廷正朝廷以正百官也引導也民之嚮利嚮私俱當慎以導之

標末也輝顯明也非本非標非微非輝此中之相喻微矣壞非壞不高永非水不流言當以類相從也倍本者槁盧文弨曰倍與背同魏甄后塘上行倍恩者苦枯意亦本此衡案本立則道生背本則人道息焉得不槁栽者倍之傾者覆之是其象也

卷五

逸周書卷六

晉孔晁注　江都陳逢衡補注

文傳解第二十五

此篇引用夏箴開望兢兢以積聚爲務蓋深有鑒於大荒也無逸曰文王卑服卽康功田功徽柔懿恭懷保小民惠鮮鰥寡於此益信

文王受命之九年時維暮春（盧文弨曰今本詩正義作維暮之春）在鄗召太子發曰吾語汝所保保所守守之哉（玉海三十一引無守之哉三字）厚德廣惠忠信愛人君子之行（盧本召太子發曰下作我身老矣吾語汝我所保與我所守傳之子

孫吾厚德而廣惠忠信而志愛人君之行今仍從舊本案
篇首至下文土不失宜諸書引用不同今並附錄於此藝
文類聚卷十二引周書曰文王在鎬召太子發曰我身老
矣吾語汝我所保與我所守傳之子孫吾厚德而廣惠不
爲秦靡童牛不服童馬不馳土不失其宜萬物不失其性
天下不失其時以成萬材萬材已成牧以爲人天下利之
而勿德是謂大仁盧文弨曰萬物不失其性以下今多見
大聚解中衡案藝文蓋截取文傳又截大聚數語以成文
也御覽八十四引周書曰文王在鎬召太子發曰嗚呼我
身老矣吾語汝我所保與我所守傳之子孫吾厚德而廣
惠忠信而志愛吾不驕侈不爲秦靡不淫於美吾括柱而
茅茨吾爲民愛費也春夏育山林不升斤斧以成草木之
長而愼天時水澤不內舟楫以成魚鱉之長不麛不卵以
成鳥獸之長畋獵唯時不殺童牛不夭胎童牛不服童馬
不馳不騖澤不行害土不失其宜萬物不失其性天下不
失其時又一百四十六引周書曰文王受命九年時維暮
春在部召太子發曰嗚呼吾語汝所保所守守之哉厚德
廣惠忠志愛人君之行不爲驕侈不爲泰靡不淫於美括柱

茅茨爲民愛費

孔注四者君德

補注案竹書紀年受辛三十三年王錫命西伯得專征伐沈約曰蓋得專征伐受命自此年始其九年則受辛四十一年也劉恕通鑑外紀曰孔安國治古學見武成篇故泰誓傳曰周自虞芮質厥成諸侯並附以爲受命之年至九年文王卒劉歆作三統歷考上世帝王以爲文王受命九年而崩賈逵馬融王肅韋昭皆同歆說皇甫謐帝王世紀云文王即位四十二

年歲在鶉火更爲受命之元年始稱王矣引周書文傳解曰文王受命九年時維暮春在鎬召太子發九年猶召太子明七年未崩也衡枝文王卽崩於是年故召武王而語以所保所守之道下篇柔武卽爲武王元祀篇次井然鄗鎬京也豐鎬相去二十五里

不爲驕侈不爲泰靡不淫於美括柱茅茨爲民愛費

孔注言務儉也因就木枚曰括盧文弨曰括與刮楹之刮同御覽柱卽作楹注木枚俗本誤作不決亦從御覽改

補注不爲驕侈三句卽商湯不邇不殖之義括柱不

雕也茅茨不翦也凌曙曰桉呂氏春秋明堂茅茨蒿
柱土堦三等以見節儉又大戴禮盛德篇周時德澤
協和蒿茂大以爲宮柱然則括柱其蒿柱歟
山林非時不升斤斧以成草木之長川澤非時不入網罟
以成魚鼈之長不麛不卵以成鳥獸之長長俱上聲盧文弨曰說文引云不卵不蹊以成鳥獸六巽者纔獸足也畋漁以時童不夭胎馬不馳騖土不
失宜童字當在不夭胎下謂童馬不馳騖也御覽引童馬不馳不騖
孔注言土地所宜悉長之
補注禮王制獺祭魚然後漁人入澤梁豺祭獸然後

畋獵鳩化爲鷹然後設尉羅草木零落然後入山林昆蟲未蟄不以火田不麛不卵不殺胎不殀夭不覆巢即此意

土可犯材可蓄潤澤不穀樹之竹葦莞蒲礫石不可穀樹之葛木以爲絺綌以爲材用

孔注所爲上不失宜盧文弨曰所爲疑是所謂

補注犯抵觸謂償與其土脈也爾雅東南之美者有會稽之竹箭禹貢揚州貢篠簜荆州貢箘簵是潤澤宜竹之證葦蒲葦也幼曰蒹葭長曰萑葦江灘海岸

多有之爾雅莞苻蘺注今西方人呼蒲爲莞蒲江東謂之苻蘺以其叢生水中故俱宜潤溼磔石土中有細石者管子輕重所謂山間堁壘不爲用之壤戰國韓策所謂石溜之地也葛性柔韌蔓生可織爲布精曰絺粗曰綌盧文弨曰絺綌謂葛也材用謂木也

故凡土地之間者聖人裁之竝爲民利是以以字舊缺從盧說補魚鼈歸其泉鳥歸其林

孔注取之以時不夭胎故

補注閒讀如閒田之閒土地之閒卽王制所謂名山

大澤不以封也注云不以封者與民同財不得障管

聖人裁之如上文所云是已歸泉歸林繁育得所之

象

孤寡辛苦咸賴其生

孔注得所生長材用

補注謂以閒田養閒民也孤寡辛苦皆無力耕作之

人故賴有閒田之利得以養贍

山以遂其材工匠以爲其器百物以平其利商賈以通其

貨

孔注無二一德也四字疑下文由一日神明下注

補注山以遂其材不槎蘖也工匠以爲其器無棄材也百工以平其利通工易事以羨補不足也商賈以通其貨無者使有利者使阜也

工不失其務農不失其時是謂和德

孔注和故不失

補注工不失其務則器用備農不失其時則黍稷豐和德謂羣居和一也

士多民少非其士也士少人多非其人也是故士多發政

以漕四方四方流之

孔注漕轉流歸言移內人也（人盧本作夫衡案人字不誤內音納移下當脫粟字言移粟內人也或曰內人二字蓋粟字之誤）

補注言地廣民稀則耕稼不及而土非其土矣地狹民衆則民食不足而人非其人矣管子霸言曰地大而不爲命曰土滿人衆而不理命曰人滿地大而不耕非其地也人衆而不親非其人也義本此發政以漕四方謂輸粟也四方流之民來歸附如流水也民歸則人衆而土闊如是則土多之患免

士少安帑而外其務方輸

孔注外設業而四民方輸穀盧文弨曰當作外設業民而四方輸穀衡案此說亦未明暢

補注帑妻子也安帑謂安妻子於家外謂出賈於外務事也方旁也輸聚也取資於外以養其民如是則士少之患免

夏箴曰中不容利民乃外次

孔注夏禹之箴戒書也利福業交舍於田盧文弨曰舊脫利福二字又交舍二字倒今據玉海增正之

補注中謂國中地小則生息薄故不容利外次謂逐末於外蓋引以證安帑而外之義

開望曰土廣無守可襲伐土狹無食可圍竭二禍之來不稱之災稱去聲盧文弨曰潛夫論實邊篇引周書曰土多人少莫出其材是謂虛土可襲伐也土少人衆民非其民可遺竭也是故土地人民必相稱也遺竭疑是匱竭之誤衡案潛夫論蓋抄變周書成文非文傳本文如此莫出其材謂不發政以消四方

孔注開望古書名也政以人土相稱爲善也

補注土廣而不招集則無守土狹而不出貿則無食不稱謂土多民少土少民多也

天有四殃水旱饑荒其至無時非務積聚何以備之御覽三十五引同

孔注積財用聚穀疏

補注易曰天地之大德曰生聖人之大寶曰位何以守位曰仁何以聚民曰財故積聚者生民之大命也夏箴曰小人無兼年之食遇天饑妻子非其有也大夫無兼年之食遇天饑臣妾輿馬非其有也國無兼年之食遇天饑百姓非其有也盧文弨曰墨子七患篇引周書曰國無三年之食者國非其國也家無三年之食者子非其子也胡廣百官箴敘曰晏子著書稱夏箴之辭卽謂此也衡案文選王融策秀才文注引周書夏

箴曰小人無兼年之食妻子非其妻子也又御覽三十五
引夏歸藏曰士無兼年之食遇天饑妻子非其妻子也大
夫無兼年之食遇天饑輿馬臣妾非其有也國無兼年之
食遇天饑百姓非其有也戒之哉蓋誤以夏箴爲歸藏然
大夫下多國無兼年之食一
條玉海引亦有之今據補

孔注古者國家三年耕必有一年之儲非其有言流亡也耕字舊脫據玉海補

補注古人懼天災如此方正學指此篇爲言利之書失其旨矣

戒之哉弗思弗行至無日矣

孔注言不遠也

補注弗思謂不知天災弗行謂不務積聚至謂爲至
不明開塞禁舍者其如天下何
補注開謂開其源塞謂塞其流禁謂裁其太過舍施
也施謂補所不及管子地數曰昔者桀霸有天下而
用不足湯有七十里之薄而用有餘天非獨爲湯雨
粟菽而地非獨爲湯出財物也伊尹善通移輕重開
闔決塞通於高下徐疾之筴坐起之費也桉開闔決
塞與開塞禁舍義同又尉繚子兵談篇明乎禁舍開
塞淮南本經訓明於禁舍開閉之道鹽鐵論非鞅篇

昔商君明於開塞之術皆本此文選王融策秀才文開塞所宜注引淮南子曰通乎動靜之機明乎開塞之節開塞猶取捨也尹文子曰書開塞之宜得周通之路

人各修其學而尊其名聖人制之

孔注制而業用

補注各修其學謂各務其業也尊其名各執一藝以成名也聖人制之曲成不遺也

故諸橫生盡以養從生（生字舊脫從謝說補）從生盡以養一丈夫

孔注橫生萬物也從生人也一丈夫天子也言兆民
養天子也
無殺天胎無伐不成材無墮四時如此者十年有十年之
積者王
孔注通三十年之計也
補注趙曦明曰三十年之通惟有耕耳此兼言庶物
如此者十年承上即以貫下但當就十年作解可耳
注非是衡案如此者十年言惜物力講農事至於十
年也下有十年之積三句指耕生十穀一四句指庶

物此十年之積仍當從孔注爲是積即上文務積聚之積專指百穀重民食也

有五年之積者霸無一年之積者亡

孔注通十五年之計有五年之積也亡爲無國家

補注王者富民霸者富國亡國之君富府庫是故聖王務積以養民也

生十殺一者物十重生一殺十者物頓空十重者下頓空者亡重平聲

孔注生多到重生少到空

補注此節專指庶物說十重謂有十倍之孳息頓空謂竭澤而漁則明年無魚也孔注到重到空大錯

兵强勝人人强勝天能制其有者則能制人之有

孔注勝天勝有天命

補注兵勝人以力人勝天以德制其有以制人之有謂我有土地而我自鬬之我有人民而我自植之我有庶物而我自蕃息之則天下之有皆其有矣言能大一統也

不能制其有者則人制之

孔注術自取之

補注不能制其有則不患士多卽患人多而國非其國矣焉得不受制於人哉

令行禁止王始也出一曰神明前無二德也四字注當在此出二曰分光

孔注政有二名分君之明光亦明也趙曦明改名作臣按當作二門

管子明法曰政不二門左昭十三年傳晉政多門

補注盧文弨曰王始疑是王治衡案令行禁止始於王謂一人首出權韋於上也出一曰神明威福獨御

也管子心術曰獨則明明則神矣出二曰分光言君

不能獨理則分其任於臣也

出三曰無適與出四曰無適與無適與者亡

孔注君臣無適與民無適與不亡何待也

補注無適與謂政出多門國有異政也無適與則一

國三公吾誰適從矣黨與各立君如守府則不待襲

伐圍竭而分崩立見矣

柔武解第二十六

此篇用意專以內治爲要內治勝則外侮服故曰柔

武

維王元祀一月既生魄王召周公旦曰嗚呼維在文考之緒功

孔注此文王卒之明年春也

補注受辛四十二年是爲武王元年施彥士曰漢人謂文王受命改元武王十一年伐紂上冒文王之年不改元於是父死不葬之說起而再朞大祥伐紂數十年來併爲一談牢不可破違經誣聖莫此爲甚今據周書柔武解維王元祀一月既生魄王召周公旦

曰嗚呼維在文考之緒功古者生曰父死曰考曰汝考則文考既崩可知曰惟王元祀則武王卽位改元未嘗上冒先君之年又可知凡書序之十一年泰誓之十三年皆從武王卽位起數而大祥伐紂之誣不待辨而自明矣

維周禁五戒五戎不禁厥民乃淫禁淫叶

孔注此戒周也而謂之戎言五者不禁戒之道也

補注此戎字作戎兵解不作戎狄解據下文五者不距自生戎旅與書唯口出好興戎左傳有男戎必有

女戎同義孔注誤

一曰王觀幸時政匱不疑二曰獄讎刑蔽姦吏濟貨時疑叶蔽

貨叶

孔注濟貨成其貨也

補注有土而不務是削土觀不耕而望稷是謂幸時

匱竭也不疑不憂[illegible]也國空無積則寇與此召戎旅

者一獄以讎與則刑罰蔽故奸吏得以濟貨呂刑所

謂惟貨是也民虐無告則民叛此召戎旅者二

三曰聲樂□□飾女滅德四曰維勢是輔維禱是怙五曰

盤游安居枝葉維落（輔怙叶居落叶落讀如露）

孔注輔囗怙恃盤游安居皆害之術（輔下空方疑是助字）

補注聲樂以溺耳飾女以溺心蠱惑多端變生肘腋此召戎旅者三輔勢者必慢賢怙禱者多務鬼威福失馭民神雜糅此召戎旅者四盤游安居枝葉維落如太康盤游無度五子用失乎家巷是也不能亢身焉能亢宗則奸人乘隙矣此召戎旅者五

五者不距自生戎旅故必以德爲本以義爲術以信爲動以成爲心以決爲計以節爲勝（盧文弨曰以成趙疑是以誠衡案王融曲水詩序云）

四方無拂五戎不距李善注引周書曰四方無拂奄有天下又曰五戎不距加用師旅今案此解是五者不距自生戎旅曲水詩序本係誤用而李善注又誤作加用師旅蓋皆記憶不斷之故也至呂延濟注則以爲四方之戎有五種不距捍王命似全未見周書者

孔注言以德爲本以節爲勝距戎之本也盧文弨曰但舉首末兩語亦有訛當作以德爲距戎之本也

補注距絕也去也以德爲本自修也以義爲術正人也術路也以信爲動不貳也以成爲心慎終也以決爲計尚斷也以節爲勝知足也

務在審時紀綱爲序和均□里以匡辛苦序苦鼓武下卟

孔注匡正也辛苦窮也

補注務在審時不妄舉也紀綱爲序内治嚴也匡救也辛苦指百姓卽文傳所謂孤寡辛苦也

見寇□戚靡適無□勝國若化不動金鼓善戰不鬭故曰柔武四方無拂奄有天下盧文弨曰奄宋本作掩謝云當作奄衡案勝國若化見小明武解善戰不鬭卽善陣不鬭見大武解

孔注拂違也言感也盧文弨曰元本作言感也

補注不動金鼓謂不戰而屈人之兵也光武曰吾取天下以柔得之此柔武之道也

大開武解第二十七

是時紂忌周愈甚武王難之故有其落若何之問十淫指商俗武周兢兢爲念則牧野之事已不待甲子而決矣故心戰在乎自修廟勝在乎能戒

維王一祀二月王在酆密命

孔注密人及商紂謀周大命

補注徐文靖竹書統箋曰周書言一祀三月者當作二月是年爲文王受命得專征伐之年故周書稱爲一祀如所謂文王受命九年大統未集皆以是年爲始一

祀者時從殷稱祀也衡按此說大誤據此解篇中云惟文考恪勤戰戰篇末又云訖文考之功緒則一祀爲武王卽位之一年無疑逸周書序言武王忌商周公勤天下作大小開武二篇的是武王非文王切證徐蓥咸於孔注密人之說不知紂辛三十二年西伯率師伐密三十三年密人降於周師遂遷於程密於是年已滅逸周書文傳解爲文王受命九年事是爲紂辛四十一年柔武解作於武王元祀一月是爲紂辛四十二年而大開武其二月也篇次井然毫無疑

義此時尚有密人謀周之事哉路史國名紀密文王伐之詩云密人不恭者事見周書蓋與紂有謀周之意其誤亦因孔注總之不知武王時已無密故輾轉滋誤如此密命謀不外泄之謂周文歸曰深秘帶有敬在注以爲密人非也

訪於周公旦曰嗚呼予夙夜維商密不顯誰和

孔注言欲以毀送之商密

補注密故不顯誰和疑是維和言我君臣當一心一德以自警戒也孔注不合

若歲之有秋今予不獲其落若何若舊作告

孔注和揖萬物而商密欲擯我周不得其落恐將亡

補注獲與穫同收也落如不殖將落之落言當及時自勉周文歸曰落成也言歲已有秋而我不得享其成乃自反之意非急於伐商盧文弨曰案此蓋以田事爲喻也後云秋而不獲正是一意篇中無一語及密人序云武王忌商亦不及密

周公曰茲在德敬在周其維天命王其敬命

孔注言天命在周當敬命而已

補注德敬卽召誥所謂敬德天命有德敬德卽所以

敬命

遠戚無十和無再失維明德無佚

孔注所親近疏遠也再失爲復失也盧文弨曰爲當作謂

補注遠戚上疑脫無字施彥士曰十疑千之訛李兆洛曰戚卽四戚和卽五和失則七失

佚不可還維文考恪勤戰戰句鐘本維文考恪勤句戰戰何敬句誤何敬何

好何惡時不敬殆哉

孔注言一佚不可還故念文王所敬

補注佚放佚不可還悔不可追也恪恭也勤勞也戰
戰恐懼貌何敬二字疑衍何好何惡猶言無有作好
無有作惡也時是也殆危也
王拜曰允哉予聞國有四戚五和七失九因十淫非不敬
不知四戚五和見大武解又見小開解九因亦見小開解
孔注言非不欲敬而未知所聞欲知之也
補注非不敬不知言予非不能德敬者特不知四戚
五和七失九因十淫之目汝當明告朕而啟以未聞
也

今而言維格予非廢善以自塞維明戒是祇

孔注而汝格至也是祇敬之

補注周文歸曰而汝格法也祇敬也謂汝言必衷於法度予非廢善言以自塞其聰明者惟汝明戒是敬也

周公拜曰茲順天（茲下疑脫在字猶上文言茲在德敬也）天降寤於程程降因於商商今生葛葛右有周

孔注言天寤周以和商謀商朝生葛是祐助周也

補注徐文靖曰程寤解雖亡其義略見於此矣趙曦

明日降寤於程蓋即指太姒之夢衡案紂辛二十三年囚西伯於羑里二十九年釋西伯諸侯逆西伯歸於程故程寤一篇即次於程典之後寤有猛然驚醒之意言我文考用晦而明倍加惕厲是天降寤於程以開我也又於紂辛三十年西伯率諸侯入貢紂悅其服事因有得専征伐之命而崇密耆邘因以次第翦除則是周日以大商日以衰皆因於逆程之後所謂程降因於商也商今生葛與鞠爲茂草同義國穢不治有銅駝荆棘之象焉商之葛周之福也非助周

而何故曰葛右有周淩曙曰梭生葛者詩葛生蒙楚

葛生蒙棘荆棘一物也老子師之所處荆棘生焉商

郊生葛周之所以興也故曰右周程𥳑解太姒夢商

庭產棘葛生之兆也

維王其明用開和之言言孰敢不格

孔注可否相濟曰和欲其開臣以和則忠告之言無

不至矣

補注開和書名又見武儆解疑當在九開文開保開

中今亡或曰下文四戚五和七失九因十淫皆開和

之言

四戚一內同外二外婚姻三官同師四哀同勞（去聲）五和一有天維國二有地維義三同好維樂四同惡維哀五遠方不爭（好惡俱去聲　樂音洛）

孔注以文德來遠

補注內同外則恩無所私外婚姻則情無所溺官同師則法有所受哀同勞則誼有所聯有天維國順天出治也有地維義因地制宜也同好維樂樂生也同惡維哀哀死也遠方不爭柔遠也四戚五和當與大

武解參看

七失一立在廢二廢在祇三比在門四諂在內五私在外六私在公七公不違

孔注立所廢則功多廢所敬則不見疑□比諂近公私於錯公法不能違之所謂失

補注趙曦明曰立在廢立者在廢也廢在祇廢者在所敬也注不可曉衡案此七失俱指用人言立在廢立所可廢也廢在祇廢所可敬也比在門近親匿也易曰同人於門詩曰瑣瑣姻亞是矣諂在內蔽於

讒也天官書曰附耳搖動有讒亂臣在側私在外謂俾私人以權如後世中貴典兵之類私在公以左右干預朝政也公不違則政在私門惟命是聽矣

九因一神有不饗二德有不守三才有不官四事有不均五兩有必爭六富有別七貪有貫八好有遂九敵有勝好去聲

孔注此皆因其事而以誤彼國也

補注神不饗則天怒德不守則人怨才不官則職曠事不均則令違兩有必爭則內叛富有別則衆離貪

有賢則厚亡好有遂則用奢敵有勝則志滿九者俱

指敵國因謂因而襲之趙曦明曰因乃因利乘便之

因無誤彼國意

十淫一淫政破國動不時民乃（乃字舊脫從北堂書鈔補）不保二淫好破義言不協民乃不和三淫樂破德德不純民乃失常四淫動破醜醜不足民乃不讓五淫巾破禮禮不同民乃不協六淫采破服服不度民乃不順七淫文破典典不式教民乃不類八淫權破故故不法官民乃無法九淫貨破職百官令不承十淫巧破用用不足百意不成嗚呼十淫不

違危哉今商維茲

孔注言商紂所行如此十者之所蔽

補注淫過也政謂紀綱動不時好爲紛更也弖不能保刑罰亂也非所好而好之故不合於義言謂號令不能協衆故不和淫樂破德聲色溺則君德傷也失常謂民失其性動舉動也醜恥也恥不足則爭奪起文質得宜謂之中淫中則婚冠喪祭皆無適從故不協釆繪畫也淫釆則用非其色不度不順如齊桓公好紫一國皆服紫是也文文書典典則繁吏舞墨則

舊章壞故典不式教式法也類謂比式權者一時之宜故成憲也事無定格則官無法守而百姓疑貸假貸也淫貸則寵賂章而侵濫衆故破職令不成不率法也淫巧作奇技也破用則財匱而庶務廢故百意不成遂藝也遂去也

其惟第兹命不承殆哉

孔注不率天命則危殆

補注此九字疑有脫文或曰第字當作商言商紂有此失德而我不能順天受命是背福而安禍矣故殆

若人之有政令廢令無赦乃廢天之命誥文考之功緒忍民之苦不祥

孔注廢政令罪不赦而乃廢天命□父之業忍民患是不祥也

補注言人君出令而民不從則廢令者非無赦令乃廢天之命而不成槳父之業而不終忍民之苦而不救則當反受其咎矣故不祥此申言茲命不承之害也

若農之服田務耕而不耨維草其宅之既秋而不獲盧文弨曰

不獲沈改不穫之可據飢之叶

維禽其饗之人而獲飢云誰哀之饗當作食食與宅叶注作飤食

孔注草居之是農不修也飤食之是飢也已自取之

是時矜之父業之遵盧文弨曰是時疑當作有誰父業上疑有脫文蓋即肯播肯穫之意周公欲武王纘承文考之功繼也王是以拜受其言

補注此亦申言茲命不承之害也獲與穫同服田而不耨既秋而不獲皆自貽之咎以此獲飢其誰哀之此與若歲之有秋一節義同然在武王弟憂其落而此直儆以維草其宅維禽其饗之禍蓋公之咨意更

之深矣

王拜曰格乃言嗚呼夙夜戰戰何畏非道何惡非是不敬

殆哉惡去聲何惡非下疑有空闕後人傳寫脫去遂與是字接連矣是不敬猶上文時不敬也

孔注王以周公言爲至故拜也

補注言即所謂開和之言夙夜戰戰法文考也道心惟微故可畏

小開武解第二十八

是篇與洪範相表裏蓋天人合一之學周公所得於

文考者也時紂爲長夜之飲舉國不知甲子其沈酗

至矣而紂猶曰吾有命在天嗚呼紂之言天與桀言日同其不自速其亡者鮮矣故三極五行九紀剛公以爲告

維王二祀一月既生魄王召周公旦曰嗚呼予夙夜忌商不不字鍾本空圍知道極敬聽以勤天命

補注二祀紂辛四十三年忌畏也畏商恐其圖己不知道極猶言不知所處也敬聽以勤天命則修身以俟耳

周公拜手稽首曰在我文考順明三極躬是四察循用五

行戒視七順順道九紀

孔注皆文王所行也

三極既明五行乃常四察既是七順乃辨明勢天道九紀咸當順德以謀罔惟不行

孔注言化道大行也

補注三極與五行相因四察與七順相因故錯綜言之是則也明勢勢字當作執九紀本乎天故明執天道則九紀咸當順德以謀天德合也罔維不行人事從也

三極一維天九星二維地九州三維人四左

孔注九星四方及五星也四左疏附禦侮奔走先後是也盧文弨曰惠云文選注引周書王曰予不知九星之光謂公曰日月星辰四時歲是謂九星案文選注三十六所云乃九紀也孔以經緯釋九星甚當他說皆不足取又四左成開解作四佐上言文考故注引詩爲釋衡案九星乃三極之一若九紀另是一項文選任昉宣德皇后令注所引當是逸周書亡篇中語惠說本困學紀聞二然不足據

補注九星謂九天之星指二十八宿言或曰卽天璇天樞天機天權天衡開揚瑤光及左輔右弼二星維地九州東南曰揚州正南曰荊州河南曰豫州正東

曰青州河東曰兗州正西曰雍州東北曰幽州河内

曰冀州正北曰并州維人四左與武順解心有四佐

同四佐指四枝謂手足也

四察一目察維極二耳察維聲三口察維言四心察維念

孔注四者當所必察眞僞

補注目察維極謂視於忽似也耳察維聲謂聽於怵

攸也口察維言謂言於訖衆也心察維念謂思心於

有亢也

五行一黑位水二赤位火三蒼位木四白位金五黃位土

孔注言其所順而勤盧文弨曰勤宜當作動衡案注與正文不合當是敬聽以勤天命下注錯誤在此仍宜作勤字

補注此序五行與洪範同水色黑位在北方火色赤位在南方木色青位在東方金色白位在西方土色黃位在中央詳見蕭吉五行大義.

七順一順天得時二順地得助三順民得和四順利財足五順得助明謝墉曰疑是順助得民六順仁無失七順道有功

孔注順天時得天道順道有功得人功

補注順天得時則四序正順地得助則百穀登順民

得和則百族安順利財足則百藝作順得助明則九式均順仁無失則四方協順道有功則百度修

九紀一辰以紀日二宿以紀月三日以紀德四月以紀刑

孔注日月之會曰辰甲乙十者於四方以紀日宿次十二紀十二月次日爲禮月爲法也

補注以十二辰配十日而成六十甲故曰辰以紀日十二次以二十八宿得名用紀十二月之躔離故曰宿以紀月日陽也故紀德月陰也故紀刑管子四時曰日掌陽月掌陰陽爲德月爲刑是也

五春以紀生六夏以紀長七秋以紀殺八冬以紀藏九歲以紀終

孔注四時終則成歲

補注春爲發生故紀生夏爲長贏故紀長秋爲收成故紀殺冬爲安寧故紀藏紀記也

天視可監候時不失以知吉凶舊本作時候天視可監時不失誤今改正

孔注天視言視天時

補注此占驗之義淮南天文訓丙子干甲子諸說是以支干論吉凶春秋繁露治亂五行篇火干木諸說

是以五行論吉凶月令春行夏令諸讖是以四時論
吉凶在周禮則有馮相氏保章氏之掌
王拜曰允哉予聞在昔訓典中規非時罔有格言日正予
不足中去聲
孔注謙以受
補注予聞在昔聞自古先哲王也周語脩其訓典左
傳文六年告之訓典杜注訓典先王之書中規中法
度也時是也非是則不爲格言矣盧文弨曰惠云格
卽古文格字

逸周書卷十六終

逸周書卷七

晉孔晁注　　　江都陳逢衡補注

寶典解第二十九

信以生寶而生寶亢在知義生仁方爲子孫世守之器四位自脩也九德齊治也十姦用人也十散監敗也三信法天也信能法天則王者之大寶在是矣

惟王三祀盧文弨曰唐書引作元祀衡案此篇次於大小開武二篇之後當作三祀爲是二月丙辰朔王在鄗召周公旦曰嗚呼敬哉朕聞曰何脩非躬躬有四位九德

孔注言脩身以四位九德也

補注三祀紂辛四十四年施彥士曰是年係中元五十八章第十六歲壬午置距章首十五歲平朔一百八十加閏朔六共一百八十六朔以朔策乘之得五千四九二日六八九四六四七二一爲中積中積加章首朔應五十一日八〇一〇七八六四累除旬周餘二十四日九四〇五四三三六大餘命甲得戊子日爲子月朔加朔策三除旬周餘五十三日〇八二一三〇八九二一平朔在丁巳丑初三刻定朔先數刻是爲

丙辰

何擇非人人有十姦

孔注凡人所不能免者

何有非謀謀有十散不圉我哉盧文弨曰惠云圉讀如禦

孔注圉禁也

何慎非言言有三信信以生寶寶以貴物物周爲器

孔注周用之爲器

補注何脩非躬躬則白治嚴何擇非人人則審官當何有

非謀謀則庶務成何慎非言言則機事密寶以貴物物周

爲器明信以生寶之義言信之可貴有如器周於用也

美好寶物無常維其所貴信無不行美好字疑衍

孔注貴在周用

補注寶物不如寶信物無常寶有貴有弗貴也信無弗貴故無不行此言信之爲寶尤貴於物

行之以神振之以寶順之以事明衆以備改□以庸庶格懷患

孔注言治賓以器用

補注行之以神則用不滯振之以實則動有常廣之以事則令無弗達庶衆格至也庶格則豚魚之感患當作忠懷忠則止信之符

四位一曰定二曰正三曰靜四曰敬敬位丕哉靜乃時非正位不廢定得安宅（張惠言曰非當爲行注同）

孔注不大也時非待時不動（張惠言曰不當爲而）

補注定靜之說開大學知止得止之先敬位則能大時非宜從張作時行或曰非乃作字之訛與宅叶亦通正位凝命之象不廢不敗事也定則無欲故安宅

九德一孝子畏哉乃不亂謀二悌悌乃知序序乃倫倫不騰上上乃不崩乃（哉謀叶倫崩叶序下疑脫有字）

孔注不騰不越不相超越

補注畏則懼辱親故不亂謀悌則順倫紀故不騰上騰上猶言陵上上不崩不替也

三慈惠知長幼（舊重一句係衍文今刪）樂養老四忠恕是謂四儀風言大極意定不移（長上聲樂音洛儀移叶）

孔注儀言也（言當是宜之誤）

補注慈以長幼惠以養老長幼者使幼孤得遂長也

風言無實之言極至也意定不移中有主也戴清曰伊尹以辯言亂政戒其君盤庚以度乃口告其民義與此合

五中正是謂權斷補損知遜六恭遜是謂容德以法從權安上無慝斷遜叶德慝叶以法從權當緊接是謂權斷是謂容德下疑脫一句

孔注遜數慝惡

補注中正不偏倚也權權衡斷裁斷遜擇也補損知遜以就中也恭遜謙讓也容德猶德容也安上全下莫大於禮故無慝

七寬宏是謂寬宇准德以義樂獲純嘏（樂音洛　宇嘏叶）

孔注純大也嘏大也謂之大大之福

補注准德以義則不失之姑息故並受其福

八溫直是謂明德喜怒不鄉主人乃福（直德鄉服叶）

孔注鄉嚮也

補注溫和厚也直正也喜怒不鄉有常度也主如周

禮主以利得民之主

九兼武是謂明刑惠而能忍尊天大經九德廣備次世有

辭（刑經辭叶）

孔注長有令罰

補注惠而能忍則非婦人之仁經常也五刑五用皆奉天討以率天常故曰尊天大經九德廣備總上文而言

十姦（盧文弨曰謝云十姦當作十干古字姦作奸與干通用後人訛作姦）一窮口干靜二酒行干理三辯惠干智四移潔干清五死勇干武（行去聲）

孔注實少而名多曰移也

補注酒行干理酒乃洒字之誤謂洗滌其行以自表見此飾外以欺世者辯惠干智謂敏給有口才而內

無深識移潔于清如陳仲子避兄離母獨居於陵之
類死勇于武如暴虎馮河之類
六展允于信
補注盧文弨曰惠云外傳展而不信韋昭云展誠也
誠謂復言非忠信之道衛寀展允則言必信行必果
葢如尾生之類故曰于信爾雅釋詁允佞也郭注允
信也佞人似信邵晉涵曰允訓爲信又訓爲佞者邈
周書寶典解云展允于信是允爲不信反覆相訓也
七比譽于讓八阿衆于名九專愚于果十愎孤于貞

孔注十者皆不誠之行故曰姦
補注比譽干讓比阿比也此互相標榜以譏退弋名
者阿衆干名猶所謂違道以干百姓之譽也專愚干
果如宋襄公不擒二毛不鼓不成列之類愼孤干貞
如巢父許由之類諸言干者爲其近似而亂眞也故
官人者當善擇之施彥士曰愚而自用有似於果如
揠苗之宋人不臣不友有似於貞如却馬之華士
十散一廢□□□其行乃泄二□□□□□□□□三淺
薄閉瞞其謀乃獲四說咷輕意乃傷營立五行怨而不願

弗憂其圖說音悅

孔注開瞞不察謂所謀也所謀一作聽謀

補注盧文弨曰說咷當即侻佻皆謂不厚重衡案說謂詭說咷謂號咷輕意恣意也言哀樂無定則營立之事皆不得成就也行恕而不願則不能喻諸人矣憂懼也圖謀也

六極言不度其謀乃廢

補注盧文弨曰極言不度謂汗漫也衡謂窮極其言而皆不合於法度所謂言思非先王之法言也故其

謀乃廢

七以親爲疎其謀乃虚八心私慮適百事乃僻九愚而自信不知所守十不釋太約見利忘親疎虚叶適僻叶

孔注適單也言十者皆散汝成

補注以親爲疎無腹心矣其謀乃虚無實用也適當讀如丁歷切解如論語無適也之適言心旣處乎私而所慮又膠固牢合不通權變故百事俱偏僻而不中愚而自信則揺動易故不知所守不釋太約未詳

二信一春生夏長無私民乃不迷二一秋落冬殺有常政乃

盛行三人治百物物德其德是謂信極私迷叶常行叶物德極叶

孔注言其信至

補注此以天道生殺喻人主之刑德民乃不迷遂其性也政乃盛行不敢違也物德其德則偏為爾德矣信既極矣皆欲口在空闕疑是所字在不知義欲在美好有義是謂生寶有義二字疑衍好寶叶首句上舊有而其余也句盧文弨曰四字越疑衍衛案所說是今删

孔注以義為寶

補注民不知義則美好無定故王者示之以寶

周公拜手稽首興曰臣既能生寶恐未有子孫其敗臣字疑衍

有下疑脫義字

孔注有□其心恐有實而子孫不能有以致治也盧文

弨曰舊脫孫不二字趙增

既能生實未能生仁恐無後親王實生之恐失王會道維

其廢仁親叶會廢叶

孔注會所當會之實

補注恐無後親仁不能佑之也會和會也

王拜曰格而言維時予勸之以安位教之廣

孔注安位謂信有得

川寶而亂亦非我咎上設榮祿不忠莫仁

孔注言以榮祿祿□仁也則用是榮人也

仁以愛祿允維典程既得其祿又增其名上下咸勸孰不競仁維子孫之謀寶以爲常程名仁叶

孔注言仁人以愛祿爲常法則人皆競仁欲愛子孫謀此爲常

補注仁信既備矣至此大約言以信爲寶而又當以義輔之以仁守之則子孫得所庇而寶以爲常矣

鄧謀解第三十

謀於鄷告文王也武王之時周日以盛蜚廉惡來之輩知必不免則所云望謀建功蓋勢所必至衆輿師術故故後世不以咎周

維王三祀王在鄷謀言告聞

孔注自文王受命至此十年也知敵情向人問人曰以紂謀告武王也盧文弨曰注十年趙云是十二年衛案此當注於前篇維王三祀下

補注謀言紂謀周之言告聞於武王也

王召周公旦曰嗚呼商其咸辜維日望謀建功謀言多信今如其何

孔注言商君臣皆罪周曰望以周建功也

補注據此則周師之興蓋亦不得已而應之者也

周公曰時至矣乃興師循故

孔注言紂可伐之時至謂循古法

補注趙曦明曰循故謂循用湯之故事即世俗解所云循商人典以斬紂身者也

初用三同一戚取同二任用能三矢無虧

孔注矢誓言誓衆以盡心也

補注戚取同親親也任用能尚賢也矢無虧機事密

也

三讓一近市二賤粥三施貸

孔注以財讓也近來民市施貸以惠也施舊作旅惠舊作思從盧說改

補注近市則民志通賤粥則民力足施貸則民用饒

讓謂損上益下也

三虞一邊不侵內二道不歐牧三郊不留人

孔注虞樂也設此三禁所以悅民樂音洛

補注邊不侵內則守土安道不歐牧則庶物阜郊不

留人則闗市㡬虞安也

王曰嗚呼允從三三無咈厥徵可因

孔注言三同三讓三虞無違言善徵可用以立功也

與刑同愛愛徵無疾疾取不取疾至致備徵舊作微戴清曰疑當作徵今從之

孔注疾惡

補注與周同愛民歸心也愛徵無疾徵證也愛有徵則民忠於上故無害疾取不取疾至致備謂不先發制人則患至而反欲設備也

曲禱不德不德不成害不在小終維實大悔後乃無

孔注曲謂非義神不德之謂舊作爲從盧說改

補注禱祈禳也惟神不享非德故不成害不在小三句言當保邦於未危也終維實大悔後乃無猶云終實維大後悔無及也

帝命不諂應時作謀不敏殆哉

孔注帝天也諂僭也敏疾也此注舊在方苗下今移置此

補注帝命降祥降殃也不諂不疑也左昭二十六年天命不諂二十七年天命不慆哀十七年傳天命不

謟杜注俱云謟疑也時是也應是作謀而不敏則不

及事而天命亦去矣故殆

周公曰言斯允格誰從已出出而不允乃菑往而不往乃弱士卒咸若周一心

孔注不往則是弱一心則應時也

補注允信也格至也誰伊也誰從已出謂言出於已也出而不允則發令有更革之嫌故菑往而不往則行軍生畏葸之迹故弱言旣有興師循故之言則不可持二三之見況士卒咸若周一心哉

寤儆解第三十一 盧文弨曰舊本皆作寤敬敬亦與儆通

武王承文考之業心懼商紂之虐至形諸夢寐而有傅翼食人之儆則詩詠如林書稱漂杵豈虛語哉紂者嬴政項羽之先聲也後世視如女子嬰兒遂謂武王不煩刃而得天下謬矣

維四月朔王告儆召周公旦曰嗚呼謀泄哉今朕寤有商驚予

孔注言夢爲紂所伐故驚

補注此亦紂辛四十四年事也武王蓋以謀言告聞

而因形諸夢寐則其勢孔棘矣

欲與無口則欲攻句無庸以王不足句戒乃不與憂其深矣

孔注不與言所憂不從戒中來也

補注欲與無口則欲攻言欲與紂相安而不能則不得不有攻伐之事無庸以王爲不足王指紂克殷解先入適王所猶指紂所爲王所言紂力尚强不可玩也戒乃不與憂其深矣自儆之詞言不能夙興夜寐則其憂未可量也

周公曰天下不虞周驚以寤王王其敬命奉若稽古維王

孔注虞度若順

補注言天下三分有二俱不虞度我周而王乃寤有商驚予是天敬我王也則王惟敬命以俟之奉承也稽同也古天也

克明三德維則

孔注三德剛柔正直

補注三德猶三綱也則法也此與上奉若稽古維王下戚和遠人維庸本一串說奉若稽古順天也克明

三德修身也戚和遠人安民也

戚和遠人維庸

孔注和近人則遠人用

補注庸功也民功曰庸周官太宰以八統馭萬民五曰保庸是其義

攻王禱赦有罪懷庶有茲封福

孔注庶衆封大

補注此節文義殊晦赦疑殺字之誤召公曰有罪者殺無罪者活曾是有罪而可以赦乎

監戒善敗護守勿失無虎傅翼將飛入邑擇人而食不驕不慽時乃無敵邑舊作宮盧本据韓非子難勢篇改作入邑衛案韓詩外傳卷四引周書曰爲虎傅翼也又漢書賈誼傳所謂假賊兵如虎翼者也應劭曰周書云無爲虎傅翼將飛入邑擇人而食之又張衡東京賦豪氏傳翼擇內西邑薛綜注引周書曰無爲虎傅翼將飛入邑擇人而食也搏翼謂著翼也

孔注此是義也

補注監戒善敗視前轍也善敗猶云成敗護守勿失矢弗諠也無虎傅翼嚳紂惡不可長言當先發制之緩則彼羽翼成而我受其毒矣不驕則戰勝廟堂不慽則士卒用命故無敵

王拜曰允哉予聞曰維乃予謀謀時用臧不泄不竭維天而已

孔注聞古言也天道無常

補注允信也乃汝也時是也臧善也不泄不漏也不竭不窮竭也李兆洛曰乃予猶爾我所謂出於予口入於爾耳即不泄之謂

予維與汝監舊之葆咸祗曰戒戒維宿

孔注言戒於心宿古文夙

補注葆與寶通監舊之寶所謂寶典是也咸皆也祗

敬也

武順解第三十二

是篇周家兵制之祖猶是其軍三軍之遺制故以三立法前段兵制之推原後段兵制之歸束太公兵法此爲上乘

天道尙左日月西移地道尙右水道東流人道尙中耳目役心

孔注言耳目爲心所役也

補注天左旋故尙左日月西移則右行也地右旋故

倘右水道東流則左行也此亦迴環之義人得天地之中以生故倘中中者天地之心亦即人之所以爲心也耳目者心之使也故役心

心有四佐不和曰廢

孔注四佐脾腎肺肝也

補注案四佐即指下左右手左右足故不和曰廢廢訓肢體廢也

地有五行不通曰惡

孔注金木水火土更相生

補注五行謂五方金西木東水北火南土中央也不
通則衰旺之令不行故惡

天有四時不時曰凶

補注不時如春行秋令夏行冬令之謂凶則災咎疊
見矣

天道曰祥地道曰義人道曰禮知祥則壽知義則立知禮
則行

孔注言其相通

補注祥仁也天以仁生人故曰祥義正也地道方故

曰義禮體也上體天道下體地道而人道立故曰禮知祥則壽萬物並育而不相害也知義則立直方大不習無不利也知禮則行謂五倫各循當然之道斯體信達順無不由之也

禮義順祥曰吉吉禮左還順天以利本

孔注本謂人也趙曦明曰注首亦當有天左還也一句與下注相配

補注吉專尙左故左還順天者昌逆天者亡故曰順天以利本民爲邦本利本猶利民也

武禮右還順地以利兵

孔注地右還也

補注凶事尚右武禮則軍禮而兼凶禮者也故右還順地利兵取容畜也

將居中軍順人以利陣將去聲

孔注人尚中

補注將居中軍以節制左右能得人心則無往不利矣故曰順人以利陣

人有中曰參無中曰兩兩爭曰弱參和曰彊

孔注有中必有兩故曰參

補注謝墉曰有中無中即謂男女皆以形體言之男成三女成兩皆下體形象合三兩而成五交搆成室以生民下文左右手亦以形體言之注有中必有兩解未明衡按參兩者奇偶之謂也有中曰參則左提右挈而罔不順無中曰兩則勢均力敵而不相能故兩則爭而弱參則和而彊此將居中軍之微權也惠氏禮說解有中曰參謂中民之農非是

男生而成三女生而成兩五以成成室室以生民民生以度

此節舊本訛誤頗多今從盧本增删

孔注陽奇陰耦五謂相配成室

補注男生而成三奇也女生而成兩偶也五以成室一夫一婦成一室也室以生民男女相及以生民也民生以度度猶數也謂成三成兩之數

左右手各挺五左右足各履五曰四枝元首曰末

孔注四枝手足元首頭也

補注枝與肢同附在人身如樹木之有枝也惠士奇曰左傳風淫末疾謂首疾也盧文弨曰家易大過彖曰本末弱本謂初末謂上又木上曰末則以元首爲末理固然也

五五二十五曰元卒

孔注伍兵名

補注案左右手各握五左右足各履五四肢又合元首爲五共得五五二十五之數故元首與元卒對也

一卒居前曰開一卒居後曰斁

孔注開猶敵斁猶服盧文弨曰舊作鬭有登又一作開謂敵案當作開猶敵所謂元戎十乘以先敵行是也下當作斁猶殿軍後曰殿是也

左右一卒曰閭四卒成衛曰伯

孔注皆陣名伯卒名

補注二十五家謂之閭閭卒門兵也其數與元卒相應左右一卒者左右各二十五人爲一卒也四卒成衛則爲兵百人伯長也總百人則能把持軍政矣

三伯一長曰佐三佐一長曰右長上聲下同

孔注九伯卒也

補注三伯一長三百人之長三佐一長九百人之長

三右一長曰正三正一長曰卿三卿一長曰辟

孔注伯卒則右千卒則正三千卒則卿萬卒舉令之於君辟君也此謂諸侯三軍數起於伍故不正相當

也

補注孔所言兵數俱不合惟數起於三故無成數若起於伍詎不正相當耶盧文弨曰案伯所統者四卒爲兵百人以下皆三三而益之佐十二卒兵三百人右三十六卒兵九百人正百八卒兵二千七百人卿三百二十四卒兵八千一百人辟九百七十二卒兵二萬四千三百人衡案周禮小司徒五人爲伍五伍爲兩五兩爲卒五卒爲旅五旅爲師五師爲軍又夏官凡制軍萬有二千五百人爲軍軍將皆命卿二千

有五百人爲師師帥皆中大夫五百人爲旅旅帥皆下大夫百人爲卒卒長皆上士二十五人爲兩兩司馬皆中士五人爲伍伍皆有長此周公輔成王制禮時所立軍數武順作於武王伐商之前猶是周人舊法故其數不合疑即公劉其軍三單之遺制故自伯以上三三而遞增也辟法也能立法斯謂之君也

辟必明卿必仁正必智右必和

孔注言其德如此乃堪其任也

補注明則能將將仁則能惠衆智則能審勢和則能

合謀

佐必肅伯必勤卒必力

孔注卒二十五人之帥故以勇力爲之也

補注肅則能整齊勤則能訓練力則能先登

辟不明無以慮官卿不仁無以集衆伯不勤無以行令卒不力無以承訓（無以集衆下脫正不智右不和佐不肅三條）

孔注訓謂先後辟也承謂奉行其令也（其書作後從趙說改）

補注無以慮官則不能選士無以集衆則不能將兵無以行令則不能整軍無以承訓則不能克敵

均卒力貌而無比比則不順

孔注比者比同也

補注均卒力伯之職也均者調平之義貌謂接以禮無比者一以公也比則偏厚而軍心疑故不順

均伯勤勞而無攜攜則不和勞去聲

孔注攜離

補注均伯勤佐之職也勞慰勞無攜謂不使有二心也攜則不和必有內潰之憂矣

均佐肅敬而無留留則無成

卷七

孔注留遲

補注均佐肅右之職也敬謂申儆軍實無留者軍貴神速不慢令也留則軍心懈故無成

均右和恭而無羞羞則不興（此下闕均正均卿仁二條）智辟必文聖如度

孔注言聖君有所爲如度度功不有差也

補注均右和正之職也虛己下士之謂恭羞則士氣阻故不興經天緯地曰文聰明睿知曰聖度即生民以度之度聖人立人道之極故曰度

元忠尚讓親均惠下集固介德

孔注介大也言必所集則常在大道也

補注此連上粹必文聖如度爲一節俱指君德言元善也忠周也尚讓不驕也親均惠下如雨露之及物而無私集固介德則君身學問之事

危言不干德曰正

孔注不干謂不犯也

補注此所謂正非指三右一長曰正也正極帝三層俱指君德之極而言危高峻也干奸也

正及神人曰極世世能極曰帝

孔注極謂其上

補注幽明兼治則正及神人矣極猶至也世世能極則子子孫孫永保民而有配天之德矣故曰帝

武穆解第三十三

武穆似與武順不類然昭天之道四語已括孫吳司馬之全至小國不凶不伐一德訓民民乃章等語尤爲正大之師序以爲作於一時必有本也

曰若稽古（古下書衍曰字）昭天之道熙帝之載授民之任爽德之

用

孔注夷常

補注曰若稽古順考古道也昭明也昭天之道奉天時也熙廣也帝上帝也載事也熙帝之載亮天工也揆度也揆民之任無失所也夷平也夷德之用位各當也

總之以咸殷等之以□禁戚之以□和

孔注咸皆殷盛也皆以法總之也

咸康於民卿格維時監於列辟

孔注視古公列君以爲師也

補注咸康於民能安民也格至也卿格維時卿士從也盧文弨曰列辟周上世之賢君子孫臣民所當取法也衡案列辟指有土之君監如既立之監同義監於列辟各守爾典也

敬惟三事永有休哉三事一倡德二和亂三終齊德有七倫亂有五遂齊有五備

補注倡德則民應和亂則事平終齊則治洽

五備一同往路一疑嚴以接遠邇二明醜友德朋下智衍要字以衆

衛庸作要衆疑三明辟章違以蕭民教四明義倡衆倡下舊衍爾字教之以服五要權文德不畏強寵

孔注同往路謂口遠之也教之以服先王法服也

補注揆度也醜類也庸功也辟法也義宜也趙曦明曰服行也

五遂一道其通以決其雍盧文弨曰雍與壅同元本即作壅二絕口無赦不疑三挫銳無赦不危四閑兵無用不害五復尊離羣不敵

孔注羣離故不敵也

七倫一毀成寡守不路

孔注路通

補注毀城寡守疲弊之國不路謂不於此假道恐疑

襲彼致驚百姓也

二通道不戰三小國不凶不伐四正維昌靜不疑五睦忍

寧於百姓

孔注中厚忍辱

補注通道謂聘問往來之國不戰不用武也小國不

凶不伐字小也凶謂治法紊亂正維正其綱維昌靜

倡爲寢兵之說不疑者爾無虞我無詐也睦和厚也

容耐曰忍寧安也

上六禁害求濟民七一德訓民民乃章

孔注明於教訓

補注害謂民害禁害則民安一德訓民令不二三也

章明也

欽哉欽哉余夙夜求之無射射音亦

補注射厭也終也

逸周書卷七終

逸周書卷八

晉孔晁注　　江都陳逢衡補注

和寤解第三十四

綿綿四語戰國魏策已引葢傳自黃帝而太公述之尹氏八士即論語周有八士閎此可以補傳注所未及

王乃出圖商至於鮮原鮮上聲

孔注近岐周之地也小山曰鮮

補注乃者繼詞難詞也至於鮮原師次而不驟進也

竹書紀年帝辛二十五年周始伐商秋周師次於鮮原卽此事其地在岐山之南故皇矣云度其鮮原居岐之陽是時周師初出駐於高嶽之所蓋猶未出岐周彊界

召召公奭畢公高王曰嗚呼敬之哉無競惟人人允忠惟事惟敬小人難保

孔注言王以多賢人爲强保安之也盧文弨曰王疑當作武王

補注召公奭周同姓畢公高文王庶子或曰召公亦文王庶子人指賢人無競惟人言能用人則莫與爭

也允信也忠周也能信而周則能敬其事矣小人指
百姓撫則后虐則讎故難保
后降惠於民民罔不格惟風行賄賄無成事
孔注人之歸惠如草應風如用賄則無成事
補注自上下下曰惠民罔不格惟風從令如流也以
利相請托曰賄行賄賄無成事言猶私則廢公也胡
仲衍曰惟風行賄謂行賄如風耳以惟風二字連下
亦通
緜緜不絕蔓蔓若何豪末不掇將成斧柯戰國魏策引周書曰緜緜不絕

蔓蔓奈何毫毛不拔將成斧柯前慮不定後有大患將奈之何後二語係蘇氏訓釋之詞豪末二句史記蘇秦傳引作毫釐不伐將用斧柯家語載周廟金人之銘曰焰焰不滅炎炎若何涓涓不壅終爲江河綿綿不絶或成網羅毫毛不札將尋斧柯劉向說苑敬愼篇亦載其說云熒熒不滅炎炎奈何涓涓不壅將成江河綿綿不絶將成網羅青青不伐將尋斧柯辭語微異又賈子審微篇引語曰爝爝弗滅炎炎奈何萌芽不伐且折斧柯又劉晝新論愼隟篇云熒熒不滅能焚崑山涓涓不絶能成江河詳其文義蓋皆出於太公黃帝案六韜云涓涓不塞將爲江河熒熒不救炎炎若何兩葉不去將用斧柯此數語與黃帝巾機銘同是諸書所本也

孔注此言防患在微也

補注詩咏椒聊遠條易占履霜堅冰卽此意也綿綿小長貌蔓蔓大長貌廣雅綿綿曼曼長也曼蔓通豪

與竟通豪末微也掇與剟同削也

士乃厲翼於尹氏八士唯固允讓

孔注厲奬厲也尹氏八士武王賢臣也

補注厲翼勸勉之義固堅固也允信也讓謙遜也三墳補逸曰和寤解王乃厲翼於尹氏八士唯固允讓武寤解云尹氏八士太師三公克殷解云乃命南宮百達遷九鼎三巫乃命南宮忽散鹿臺之財鉅橋之粟則八士正武王之世與十亂先後造周者其姓尹氏其官或太師或三公或南宮克殷在武王末年謂

成王時尙近之而曰宣王者不足信也衡案尹是其姓南宮是其氏非官也若武庴之太師三公指太公望周公旦召公奭畢公高非謂尹氏八士也八士即八虞晉語胥臣曰文王諮於八虞賈唐曰周八士皆虞官伯達伯括仲突仲忽叔夜叔夏季隨季騧據此則八士即論語之八士包氏注謂四乳生八子說本董子郊祭篇蓋文武所資以興周者故君奭篇以南宮括與太顚閎夭散宜生並爲修和迪教之四友漢書人表載周八士在中上格列於成叔武霍叔處之前則論語八士即此

氏八士益信閻若璩曰楊升庵以周書克殷解命南宮忽散鹿臺之財爲即仲忽命南宮伯達遷九鼎即伯達君奭南宮括即伯括則八士者南宮氏也衛案八士皆武臣同爲虎賁官而賜氏南宮者三人曰伯達曰括曰忽蓋虞官職司原野而南宮賜氏儼有親軍護衛比於東宮之義周南肅肅兔罝焉知非爲南宮氏作然則三人其尤八士中之最賢者歟故晉語曰詢於八虞則八士之統辭也又曰諮於南宮則三人之專辭也

德降爲則振於四方行有令問成和不逆加用禱巫神人允順德降爲則又見成開解

孔注言皆順成和志也

補注蘊於內爲德播於外爲則振動也令聞美譽也成就也和會也應天順人故不逆加用禱巫昭告也神人允順人謀鬼謀罔不協也

武寤解第三十五

武王因寤儆而用兵故曰武寤

王赫奮烈八方咸發高城若地商庶若化

孔注言士卒應王之奮烈視高城若平地若化恐怖也

補注王赫奮烈猶云王赫斯怒也八方咸發諸國之兵不期而自來高城若地則士卒用命罔不先登商庶若化則王師救民有如時雨盧文弨曰若化如蒲盧待化而成之化

約期於牧案用師旅商不足滅分禱上下

孔注於牧野將戰先禱天地也

補注約期二月癸亥日布陳甲子日戰牧紂南郊地

名水經清水注自朝歌以南暨清水土地平衍據皋
跨澤悉坶野矣案用師旅進止有節也王氏經傳釋
詞曰安猶於是也字或作案周書武寤篇曰約期於
牧案用師旅言約期於牧野於是用師旅也

王食無疆王不食言庶赦定宗

孔注言當赦其罪人定其宗主不食言也

補注湯誓朕不食言僖二十八年傳背惠食言又哀
二十五年傳是食言多矣衡案言出于已而不能踐
猶飲食在口而復下咽也是謂食言言王所食甚多

而言則必信不致既出而復內也王不食言即指庶

敖定宗說言王所以來不過除暴救民敖爾衆庶定

爾宗社非有他也孔注誤

乃氏八士太師三公咸作有績神無不饗（績舊作續案績續二字多混書）

（堯典績用弗成古文尚書作績穀梁成五年傳伯尊其無績乎范甯注績或作續）

孔注言羣臣皆謀立功而神明享其禱

補注太師三公太公周召之類咸作有績一德一心

以定厥功也

王克配天合於四海惟乃永寧

孔注德合四表

補注此史臣頌美永清大定之辭

克殷解第三十六

太白黃鉞之事近不經矣或曰此實錄也後世頌功德上符命方且掩飾之不暇雖有南董直筆寧能不諱如是乎然則武王躬行大逆奈何曰武與紂俱躬蹈行間兵刃相接矣寧保紂不斃於矢石之下乎敗而自焚猶手刃也孟子曰聞誅一夫紂矣未聞弒君也傳曰所見異辭所聞異辭所傳聞又異辭太白黃

鉞疑以存疑留以作野史讀可也

周車三百五十乘陳於牧野帝辛從帝當作商後言商辛奔內可據從周文歸讀如縱謂縱兵也衛案當如字讀謂從而逆戰也

孔注十三年正月牧野商郊紂出朝歌二十里而迎戰也

補注武王十三年正月始出師二月初四至商郊布陳孟子謂武王伐紂革車三百兩書牧誓序國策史記周本紀蘇秦傳韓子初見秦篇呂氏春秋簡選貴因二篇淮南本經主術兵略訓風俗通正失篇博物

志竝同蓋舉全數也此云三百五十乘則周史之實錄其五十乘或别爲一隊蓋用以挑戰是時紂發兵七十萬人距武王故鬻子云紂虎旅百萬大明之詩曰殷商之旅其會如林於此益信蓋商辛恃衆故從而與武王戰也

武王使尚父與伯夫致師

孔注挑戰也

補注詩大雅大明篇云維師尚父時爲鷹揚毛傳師太師也尚父可尚可父劉向别錄曰師之尚之父之

故曰師尚父伯夫南宮伯達也是時尚父與伯夫爲一隊前陷紂陣武王以虎賁戎車爲一隊横衝之一以正合一以奇勝致師見周禮環人注致師者致其必戰之志也古者將戰先使勇力之士犯敵焉春秋傳曰楚許伯御伯樂攝叔爲右以致晉師

王既以虎賁戎車馳商師商師大崩盧本據御覽於王既下添誓字案誓在未戰之前若兵刃既接何暇再誓據周本紀武王使尚父與伯夫致師以大卒馳帝紂師亦無誓字御覽不可從

孔注戎車三百五十乘則士卒三萬六千三百五十人有虎賁三千五百人也盧文弨曰樂云書序孟子及國策蘇秦說趙魏皆云

一車甲士三人步卒七十二人至隋蔽制變更以甲士配車而戰一車實百人每乘以虎賁一人爲右故有虎賁三百人書序可据孫奕示兒編以孟子三千人爲引經之誤是已周禮虎賁氏其屬八百安得有三千之多況又增三千五百乎至士卒之數一車百人卽依三百五十乘計之亦止三萬五千人安得三萬六千三百五十人哉張守節史記正義臆減爲二萬六千二百五十人亦非衛棨周禮係周公身致太平之書不可援以證商周鼎革之事虎賁之屬八百用以衛王宮守王閑足矣故有定制若疆埸效命則勇力之士俱可謂之虎賁逸周書言虎賁戎車蓋未明言數目多寡孟子云革車三百乘虎賁三千人皆舉成數而言其說必有傳授．示兒篇以爲引經之誤非也

補注既者遂事終事之辭馳疾驅也兵法所謂出其不意武成所謂攻於後以北也虎賁勇力之士左嚮

三餘偶筆據周禮虎賁氏虎士八百人是天子之制武王爲商諸侯不應虎賁有三千人之多又引魯語天子有虎賁諸侯有旅賁尙書大傳諸侯有功三賜以虎賁百人號曰命諸侯武王繼文王而爲西伯此其所以有虎賁衛案是時周以有道征無道豈尙遵諸侯旅賁之制且此是周制非殷制惟武旣用虎賁伐紂故天子以爲衛蓋當殺伐之時必須多人故虎賁之士有三千及其旣定天下而取以衛王宮故周禮定制減其數爲八百若在武王時其不限八百可

知今據克殷但言虎賁戎車則臨敵應變多寡增減均可酌用故不言數目

商辛奔内登於㢈臺之上屏遮而自燔於火㢈一作鹿

孔注屏遮自障

補注㢈臺卽鹿臺一名南單之臺在朝歌城内紀年武王親禽受於南單之臺是也周本紀紂反走入登於鹿臺之上蒙衣其珠玉自燔於火而死

武王乃手太白以麾諸侯諸侯畢從遂揖之

孔注太白旗名揖召也揖諸侯共追紂也

補注周本紀武王持大白旗以麾諸侯諸侯畢拜武
王武王乃揖諸侯正義曰武王率諸侯伐天子天子
已死諸侯畢賀故武王揖諸侯言先循撫其心也衡
桉此從周伐紂之諸侯武王以勝殷召之故麾之並
進也沈濤曰古揖與輯通尚書輯五瑞史記作揖孔晁注揖召也召當作合

商庶百姓咸俟於郊

孔注待武王於郊外也

羣賓僉進曰上天降休再拜稽首

孔注諸侯賀武王也

補注此商諸侯新附者故曰羣賓謂之賓者貴之也

武王荅拜

補注周本紀諸侯畢從武王至商國商國百姓咸待於郊於是武王使羣臣告語商百姓曰上天降休商人皆再拜稽首武王亦荅拜索隱曰武王雖以臣伐君頗有慚德不應荅商人之拜太史公失辭耳尋上文諸侯畢拜賀武王武王尚且報揖無容遂下拜商人三墳補逸曰諸侯畢拜之時武王方在師旅未暇荅拜至人商郊羣賓僉進稽首武王乃荅拜汲冢之

文自明其答拜者蓋前諸侯及商臣皆在其中史記但言商人再拜注遂謂武王不應止揖諸侯而答拜商人蓋史記固訛注者亦失考也衡案史記蓋本周書爲言本紀所謂商人卽此解所謂羣賓也武王於從征之諸侯揖之於商諸侯之來賀者拜之當時初入商郊自應如此索隱謂不應答商人之拜固非胡應麟謂史記訛誤亦未會斯旨

先入適王所乃尅射之三發而後下車而擊之以輕呂斬之以黃鉞（輕呂史記作輕劒正義曰周書作輕呂）

孔注輕呂劍名

補注古今注武王以黄鉞斬紂故王者以爲戒

折懸諸太白

孔注折絶其首盧文弨曰折字舊作斵誤學子明鬼下篇云武王折紂而係之赤環載之白旗太平御覽引作折紂而出繫之赤環折字是今改正

補注戰國趙策昔者文王拘於羑里武王羈於玉門卒斬紂之頭而懸於太白者是武王之功也荀子正論武王伐有商誅紂斷其首縣之赤旗

適二女之所乃旣縊盧本據御覽移乃字於適字上

孔注二女妲己及嬖妾縊自縊也

補注通志紂之嬖寵如妲己者二人皆自殺衡案二女當如孔注故世俘解云妻二首赤旗若通志所云則三女矣

王又射之三發乃右擊之以輕呂斬之以玄鉞縣諸小白

孔注玄鉞堊斧小白旗名也

補注右通作又周本紀遂入至紂死所武王自射之三發而後下車以輕劍擊之以黃鉞斬紂頭懸太白之旗已而至紂之嬖妾二女二女皆經自殺武王又

射三發擊以劍斬以玄鉞縣其頭小白之旗古今注太公以玄鉞斬妲己故婦人以爲戒宋均曰玄鉞用鐵不磨礪

乃出場於厥軍

孔注場平治社以及宮徹宜去者宜居者居遷也張惠言曰社以及宮十一字宜爲正文

補注周本紀武王已乃出復軍其明日除道脩社及商紂宮今案孔注治社及宮等語正文顯有脫誤

及期百夫荷素質之旗於王前

孔注素質白旗前爲王道也一作以前於王

補注周本紀及期百夫荷罕旗以先驅罕旗卽素白旗蓋畫雲旗上

叔振奏拜假

孔注羣臣諸侯應拜假者則曹叔振奏行也

補注叔振名鐸武王同母弟第六人見史記管蔡世家後封於曹奏拜假者贊相其禮也

又陳常車周公把大鉞召公把小鉞以夾王

孔注常車威儀車也二公夾衛王也

補注周本紀武王弟叔振鐸奉陳常車周公旦把大鉞畢公把小鉞以夾武王案下文召公贊采不得又執鉞也當作畢公魯世家作召公亦誤

泰顛閎天皆執輕呂以奏王王入卽位於社太卒之左

孔注執王輕呂當門奏太卒屯兵以衛也

補注閎夭泰顛俱周臣周本紀散宜生泰顛閎夭皆執劒以衛武王立於社南大卒之左右畢從案史記右畢從右字誤當從克殷解作羣臣大卒卽指虎賁戎車位立通

羣臣畢從毛叔鄭奉明水衛叔傅禮

孔注羣臣盡從王而康叔相禮

補注周禮司烜氏以鑒取明水於月注明水以爲元酒毛叔鄭文王庶子左定四年傳五叔無官杜注五叔管叔鮮蔡叔度成叔武霍叔處毛叔聃也案毛叔名鄭不名聃周本紀與逸周書可證且不是武王同母弟此毛叔鄭卽尚書顧命之毛公孔傳謂司空第六毛公領之傳與正義俱不云毛公爲何人余以左傳富辰所云爵衛毛聃證之則毛公爲叔鄭無疑漢

書人表不解毛公即毛叔鄭故於第三格既列毛叔鄭於前又列毛公於後誤矣史記志疑曰毛叔鄭四八目作毛叔圉未知孰是余案毛叔名圉無他經傳可證衛叔武王同母弟康叔封也傳禮周本紀作布兹徐廣曰兹者籍席之名衡案傳布一聲之轉傳禮即布兹兹席也言布席以成禮故傳禮亦謂之布兹

召公奭贊采師尚父牽牲

孔注贊佐采事也倅王也

補注周本紀召公奭贊采師尚父牽牲正義曰贊佐

也釆幣也釆訓幣義長

尹逸筴曰殷末孫受德迷先成湯之明侮滅神祇不祀

孔注紂字受德也神祇天地也舉天地則宗廟以下

廢可知矣

補注周本紀尹佚筴祝曰殷之末孫季紂殄廢先王

明德侮蔑神祇不祀正義曰周書作末孫受德受德

紂字也粱曜北曰受德猶云受之凶德書曰其在受

德暋與此正同非紂字受德也自呂不韋誤注於仲

冬紀漢以後諸儒因之而誤史記作季紂是衡案尹

逸郎下文史佚逸佚通漢藝文志墨家有尹佚二篇

郎尹逸周書洛誥逸祝冊郎此尹逸也蓋郎論語八

士之叔夜夜讀作液薛氏鐘鼎款識載叔液叔夜二鼎文彷彿與佚逸通

又郎尹氏八士之一特逸未賜氏南宮故仍曰尹逸

其官則史故又曰史佚

昏暴商邑百姓其章顯聞於昊天上帝

孔注言上天五帝皆知紂惡也

補注昊天上帝史記作天皇上帝孔以五帝釋上帝

非是

武王再拜稽首乃出梁曜北曰此有脫文史記作武王再拜稽首膺更大命革殷受天明命武王又再拜稽首乃出李善注王元長曲水詩序引周書亦有此語唯膺更作膺受觀孔晁注正是釋武王之語則知周書本有之傳寫者因兩再拜稽首遂遺却上文耳

孔注受天大命以改殷天明命王天□也空方疑是平字

立王子武庚命管叔相相去聲

孔注爲三監監殷人

補注武庚紂子祿父謂之王子仍舊稱也其曰立者蓋立爲諸侯以奉殷祀管叔鮮武王同母弟據孟子是周公兄故史記管蔡世家敘管於周公之上淮南

汜論齊俗白虎通姓名章列女傳並謂管叔是周公弟俱誤蓋惟管叔爲諸弟之長故特命相武庚蓋以齒及非以德論也據此則管叔監殷乃武王之命證以下篇管叔自作殷之監蓋管叔請於武王而武因命之也周本紀亦云武王爲殷初定未集乃使其弟管叔鮮蔡叔度相祿父治殷陳賈乃云周公使管叔監殷周公何嘗使管叔哉

乃命召公釋箕子之囚命畢公衛叔出百姓之囚

孔注紂所拘囚者也

補注箕子紂諸父以佯狂受囚周本紀已而命召公釋箕子之囚命畢公釋百姓之囚

乃命南宮忽振鹿臺之財發巨橋之粟發字皆缺案太平御覽資產部錢類引周書武王克商發鹿臺之錢發鉅橋之粟今据補

孔注忽即括振散之以施惠也周本紀命南宮括散鹿臺之財發巨橋之粟以振貧弱萌隸案括當從周書作忽孔云忽即括誤忽與括是二人括即論語伯括忽即仲忽也

補注鹿臺亦名廩臺巨橋亦作鉅橋巨鉅通高誘淮南主術訓注鉅橋紂倉名也一說鉅鹿漕運之橋鹿臺紂錢藏府所積也水經注衡漳又北逕巨橋柢閣

西舊有大梁衡水故有巨橋之稱昔武王伐紂發巨
橋之粟以賑殷之饑民服虔曰巨橋倉名許愼曰鉅
鹿水之大橋也今臨側水湄左右方一二里中狀若
邱墟葢遺囤故窖處也戴清曰按欒史鹿臺在汲縣
西鉅橋在曲周縣汲縣今仍之爲衛輝府治曲周今
仍之屬廣平府
命南宫伯達史佚遷九鼎三巫
孔注鼎王者所傳寶三巫地名
補注周本紀命南宫适史佚展九鼎保玉今據此解

是伯達非南宮适案伯達亦是尹氏八士之一與适忽俱賜氏南宮故曰南宮伯達左成公十一年傳蘇忿生以温爲司寇與檀伯達封于河杜注蘇忿生周武王司寇蘇公也與檀伯達俱封于河内案檀伯達既與司寇蘇公同時則即此南宮伯達矣蓋檀是其封邑故又曰檀伯達史記保玉或謂即保巫之誤巫者殷家世守之器故曰保保一作寶殷之寶巫猶周之寶龜也孔謂三巫是地名誤據左傳臧哀伯云武王克商遷九鼎於雒紀年亦云遷九鼎於洛不聞遷

於三巫也鄭環曰巫疑作滋然三滋在滄浪大別間武亦無由遷鼎至此或謂即度邑解南望過於三塗者塗巫音近而訛然本文九鼎三巫平列中間不得添一於字謂遷九鼎於三巫也案周禮九簭八曰巫參參即三巫參三巫互文耳殷人尚鬼故重巫覡於巫咸巫賢父子並以大臣襄贊太戊之世故全謝山云周以前巫官非細職也其謂之三巫者簭立三法法立一人俱吉則從俱凶則避在洪範曰凡卜立簭三人占則從二人之言此殷法也故箕子言之周因

立九筮有筮參據此則三巫即巫參無疑是爲殷家
神明之重器故並遷之而特命史佚同往者此也史
佚即上文尹逸以其職司祝卜故有遷巫之命
乃命閎天封比干之墓
孔注益其墓塚也
補注史記正義封謂益其土及畫疆界淮南主術訓
註崇封其墓以旌仁也越絶書武王未下車封比干
之墓一統志比干墓在河南衛輝府汲縣北
乃命宗祝崇賓饗禱之於軍

孔注宗祝主祀賓敬也饗祭前所禱之神

補注崇賓饗是一事蓋以饗禮禮商諸侯及來會諸侯禱於軍又一事告勝也俱以宗祝主之

乃班

孔注還鄗京也

補注史記所謂罷兵西歸也

逸周書卷八終

逸周書卷九

晉孔晁注　　江都陳逢衡補注

大匡解第三十七

謝墉曰前已有大匡此不應又名大匡蓋因篇內有大匡字也不能定其訛錯之故衡按前大匡文王時作義取救荒此篇武王時作義取定亂

惟十有三祀王在管管叔自作殷之監東隅之侯咸受賜於王王乃旅之以上東隅

孔注東隅自殷以東旅謂各使陳其政事者也

補注十有三祀武王卽天子位之元年管管叔封邑今開封府鄭州東二十里舊管城是也竹書紀年命監殷遂狩於管卽此時蓋王方議監殷之命而管叔恃親而請挾武王以不得不允之勢故曰自作觀於在文考時謀密須之伐武王蓋記懲覬其不可托矣特以親親之誼不可拒故下文發戒諭之東隅之侯東方諸侯也咸受賜於王蓋因舊封而命之王乃旅之以上東隅旅祭也祭東隅之山而爲壇以告諸侯與管叔也上猶升也張惠言曰旅尊禮也上長也禮

管叔命爲東方牧伯

用大臣順九則八宅六位

孔注古大臣有所法盧文弨曰古一作言

補注臣正也九則兼告諸侯八宅六位專戒管叔

寬儉恭敬夙夜有嚴

孔注言當嚴敬思順也

補注此總冒之辭寬以臨民儉以守己恭以待人敬以事上四者侯服之大端夙夜有嚴則無敢戲豫矣

昭質非樸樸有不明明執於私私回不中中忠於欲思慧

醜詐

孔注忠於欲謂忠於絕私欲也

補注明於事而以實意行之之謂質樸則一愚蠢無識而已故不明明執於私本心之明敝於私也執有泥而不化之意私回不中輾轉於內也回邪也忠周也中周於欲則不違衆以從已之欲而公生明矣故愚慧醜詐慧能破愚則詐無所用案醜者醜耻之義與旣醜有夏之醜同下篇九醜亦此意葢因商俗之壞而思以變易之也

昭信非展展盡不伊伊言於允思復醜譖

孔注展似信而非伊伊推也盧文弨曰本或作誰也

補注言出於義而不虛假之謂信展則勿論事理之當然而必期於踐也外傳展而不信與此同義展盡不伊伊疑當作尹尹正也必期於信則不能盡出於正矣下伊字並同尹言於允者謂當正言以求其信也故思復醜譖復如信近於義言可復也之復譖子念切與僭通不信也詩大雅譖始竟背箋本亦作僭又覆謂我僭傳僭不信也本亦作譖

昭讓非背背黨雍德德讓於敬思賢醜爭

孔注讓以待之非棄背也

補注準乎可不可而謙以受之之謂讓背則違而去之恒矯情鎮物以自明故朋黨相激而有德者咸引嫌自退矣雍與壅同蓋讓非一切謝絕之謂能以德讓而一本於敬則維賢者能之故思賢醜爭

昭位非忿忿非口直直立於衆思直醜比

孔注位所以行道非以息忿忿怒也

補注恪共守職和衷共濟之謂位忿則攬權結勢以

氣相高矣直立於衆非骨鯁不能故思直醜比比阿比也

昭政非閑閑非遠節節政於進思止醜殘

孔注政以道民非禁閑之也故貴得節也

補注法制禁令整齊嚴肅之謂政閑有閉塞苛刻之義閑非遠節未詳節政於進則無求治太速之慮故思止醜殘止謂不出位而事當其可殘者求進而不知止則賊恩忍善無所不至矣

昭靜非躬躬居非意意動於行思靜醜躁

孔注仁者好靜窮非取樂
補注靜者不以嗜欲亂其中而自能樂天安命之義
窮則時位俱失枯木自朽而已意志也窮居則志失
故非意意動於行則有爲有守而能求其志矣故思
靜醜躁躁者此心妄動之謂
昭潔非爲爲窮非涓涓潔於利思義醜貪
孔注涓潔於利不以自汙
補注澡身浴德立心純白之謂潔爲則立異以爲高
矯情以干譽矣古者遯世無悶不見世而無悶故昭

潔非爲爲窮如陳仲子避兄離母之類故非潰言不
得爲皎皎獨立之士也涓潔於利則自守者嚴而非
義不爲故思義醜貪貪則不潔之尤者也麥曙曰二
爲字當讀如無所爲而爲之爲言昭潔之士本無所
爲而爲之若有所爲而以窮約自高則不得謂之涓
矣涓與狷通卽孟子所謂不屑不潔之士
昭因非疾疾非不貞貞固於事思任醜誕
孔注疾□
補注張惠言曰昭因不可曉按文政亦有九醜一仁

二行三讓四信五固六治七義八意九勇以此合之信讓二者是矣仁當昭質行當昭立治當昭政義當昭潔意當昭衛則昭固當爲昭固而缺昭勇一條衛案固當如張說作固昭固者中有定見果於力行之謂疾則但取速成而已疾非不貞非字疑誤貞正也貞固於事則能任故思任醜誕任者克荷之義誕則往向不堅恃才妄作而已

昭明九則九醜自齊齊則自知悖則死勇盧文弨曰案上所陳九則九醜尚少其一疑昭質非樸一段有脫文

孔注明此九法則所醜義成九法蔵則苟死於勇不
知節
補注昭明九則昭質昭信昭讓昭位昭政昭靜昭潔
昭固也九醜醜詐醜諂醜爭醜比醜殘醜躁醜貪醜
誕也九則九醜俱缺一齊一也九醜自齊過而能改則與諾
一矣齊則曰知心有所明則愧恥生悖則死勇梗而
不化則死亡近曰知當作日知二則字即指上九則
勇如害上則不發於明堂盧文弨曰如與而同舊作知誤左氏文二年傳引云勇則害上不發於明堂
明堂所以明道明道維法李兆洛曰此正解昭勇而冠以九則蓋有脫有

例

孔注惟以法度化人

補注勇而害上悖則者也悖則之士王者不用故不登於明堂明堂政事所出故以明道法則也惠氏禮說夏官司勳一條引魏高堂隆議謂周書勇則害上不登於明堂言有勇而無義不登堂配食此配食在堂之明證左傳引之曰周志今之周書古之周志也

衡按登於明堂作進用解未見爲配食也勇如害上一語武王蓋已暗防東諸侯煽武庚作亂

法人惟重老重老惟寶嗚呼在昔文考戰戰句惟時祇祇

句汝其庸庸字舊脫盧文弨曰汝其下疑脫庸字衡案注汝其用之盧說是今據補

孔注言其所尊者老人乃政之寶也文王惟敬是道汝其用之汝諸侯也

補注人謂賢人法人謂以賢人爲法則也老者九則之典型故三老亦謂之三寶重老惟寶王者是以登之明堂此上兼戒管叔與東隅諸侯之辭嗚呼以下則專戒管叔故稱文考以勖之呼汝以警之孔謂汝指諸侯誤在昔文考戰戰即大開武所謂文考恪勤

戰戰也惟時祇祇即康誥所謂丕顯考文王庸庸祇

祇也戰戰者戰而又戰驚憚之甚也祇祇者敬所當

敬尊禮之至也時是也指重老言

夙夜濟濟無斁惟人惟允惟讓不遠舉正不邇讒邪

孔注言當進正士遠讒人

補注濟濟人材衆多之貌夙夜夙興夜寐也詩曰濟

濟多士無斁惟人人謂賢人言能得人則無斁也允

信也讓謙遜也法人重老則當崇信而尊禮之

汝不時行汝害於士士惟都人孝悌子孫

孔注不行是文王之道其如此也

補注汝謂管叔時是也指上不遠不邇說汝不是行則必害於蔡正矣士惟都人孝悌子孫皆汝所當寶

都人謂殷氏

不官則不長官戒有敬官口空方疑是師字朝道舍賓祭器曰八宅長上聲

孔注官以長官所戒惟敬則入宅順矣

補注張惠言曰士事也任事者惟都人孝悌子孫汝不官之則不能長人衛校宅即宅乃事宅乃牧宅乃

準之宅宅居也謂入者各有宅任不可假也

綏比新故外內貴賤曰六位

孔注安之比之各以其道則位順也

補注新故內外貴賤所謂六位也新不易故外不閒內賤不陵貴則位定矣綏之則能安其職比之則能合其功

大官備武小官承長（長上聲）

孔注承奉

補注大官備武威則能使衆也小官承長大事則從

長也

大臣封攝外用和大盧文弨曰封字舊本作𢧵不成字今從宋元本

孔注和平大國

補注此睦鄰之事

中臣用均勞故禮新勞去聲

孔注士大夫及賓客

補注此敬體羣僚之事

小臣用惠施舍靜衆

孔注靜安也

補注此惠民之事

禁請無怨順生分殺不忘不憚

孔注不計分部不失其理

補注言凡有所禁凡有所請總無結怨於民而於其善者則順而生之於其惡者則分別而殺之事有所必譏故不忘法有所必伸故不憚

俾若九則生欲在國國咸敬順維敬敬維讓讓維禮生欲在國國咸敬盧本從沈改作生敬在國國咸順葢依注文也然孔注亦不甚分明故仍从舊本

孔注言周大匡使順九則生其所敬於國國人皆順

之以敬讓之禮也闕富作用

補注此復言九則以申管叔生欲在國欲並生哉之意國咸敬者敬以聽命也順維敬則民從敬維讓則民親讓維禮則民化

辟不及寬有永假

孔注不及言同假於王道

補注辟法也辟不及寬火烈民斯畏也假與嘉通民知畏法則不及罪故能長享其福也

文政解第三十八

周書篇題以文名者凡五曰文酌文開文儆文傳文政文酌義晦不可曉文開篇亡文儆文傳皆文王時作此篇作於武王時篇首開宗循王玩注意王當作政謂遵循文王之化也故篇題曰文政篇中九慝九行九醜九德九過九勝九戒九守九典或謂是九開錯簡亦通

惟十有三祀王在管管蔡開宗循王

孔注管管叔之邑二叔開其宗族循鄗京之政言從化也

補注蔡蔡叔度開啟也宗衆也開宗謂覽諭殷民孔

注開其宗族費解

禁九慝昭九行濟九醜尊九德止九過務九勝傾九戒固

九守順九典

孔注九人所茂政也濟謂濟其醜以好也順此戒也

補注濟九醜濟字當作齊即上篇所謂九醜自齊也

然齊亦有濟義

九慝一不類二不服三不則四務有不功五外有内通六

幼不覲國七閭不通徑八家不開刑九大禁不令路遝

孔注刑法也不令不宜令也
補注類善也服行也職也則法也務有不功專用力於無益之事有猶爲也外有內通奸人潛結左右也有亦爲也幼不觀國學不立也閭不通徑俗蔽於鄉也家不開刑教蔽於塾也大禁不令路徑法不彰於國也

九行一仁二行三讓四信五固六治七義八意九勇
孔注意於道也
補注仁者心之德行者功之表讓者禮之實也言不

爽曰信修不懈曰固有條理曰治有裁制曰義心能慮曰意氣能配道義曰勇

九醜思勇醜忘思意醜變思義醜貪思治醜亂思固醜轉思信醜奸思讓醜殘思行醜頑思仁醜豐豐風去聲舊脫思義醜貪句盧本增貪字作空方今據大匡篇補

孔注殘謂殘禮義也

補注果於行為勇李兆洛曰忘當為妄衡案忘妄二聲之轉二字俱收二十三漾左傳哀二十七年注言公之多忘釋文忘本又作妄莊子盜跖故推正不忘

耶釋文忘本又作妄又易象上傳物與无妄虞注妄忘也則忘妄二字古本通用妄謂虛妄忘訓亡失二字俱與勇義相反心志專爲意變則無主而意不誠治理也亂者泯泯棼棼之象固謂有以自守轉則惑於岐途矣信實也奸則僞譎者多以慈祥爲念殘則貪而忍行敗德也頑者無知無識之貌仁謂心德純全體則破敗決裂間隙日生矣

九德一忠二慈三祿四賞五民之利六工商受貨七祇民之死八無奪農九足民之財

孔注敬死勸葬也足民之財也（盧文弨曰本有[illegible]）

補注不欺曰忠能愛曰慈以福及民曰祿多賜予曰賞民之利謀生息也工商受資集百貨也敬民之死減刑息兵也無奪農使得盡力田畝也足民之財家有餘積也九德別見寶典解祗民死別見大開武解

九過一視民傲二聽民暴三遠慎而近頑（同貌）四法令曰亂五仁善是誅六不察而好殺七不念□害行（空方疑是而字）八□思前後（空方疑是不字）九偷其身不路而助無漁

補注視與示同視民傲則不敬聽治也聽民暴則不

仁遠慎而近親謂棄老成而狎便辟也仁善是誅則

賢者退不察而好殺則死者冤餘未詳

九勝一□□□□二□□□□三同惡潛謀四同好和因

五師□征惡六迎旋便路七明賂施舍八幼子移成九迪

名書新

孔注潛謀潛密之謀也移成謂易子而教也蹈名之

子書而新用

補注同惡潛謀防伏戎也同好和因衆多助也師曰

征惡除暴亂也迎旋便路通商旅也明賂施舍惠窮

困也幼子移成養人材也通名書新進賢良也

九戒一內有柔成二示有危傾三旅有罷實四亂有並信五教用康經六合詳毀成七邑守維人八亂有兆積九勞休無期

孔注柔成善柔諂人也罷實言曰困倉暗也*盧文弨曰暗一本作晰字書無考暗亦疑訛*康逸也合詳無德而信也守邑無備恃其人眾皆危道

補注柔成小人女子之類示當作宗宗有危傾謂族不和睦有顛覆之懼也旅有罷實則往來不通亂有

立信信不準乎義也敎用康經習於情也合詳毀成衆口如一能鑠金也邑守維人無欒侮之策而僅恃人也飢有兆積不能發倉廩賑濟也勞休無期及瓜而不代則民有怨咨也

九守一仁守以均二智守以等三固守以典四信守維假五城溝守立六廉守以名七戒守以信八競守以備九國守以謀盧文弨曰信守維假二字句假有誤

孔注維假言立信常至於義也

補注仁守以均不偏私也智守以等有分次也固守

以典遵成式也信守維假格於衆也城溝守立不越畔也廉守以名不虛冒也戒守以信毋再失也競守以備能自固也國守以謀廟算勝也

九典一祇道以明之二稱賢以賞之三典師以教之四戚以勞之五位長以遵之六羣長以老之七羣醜以移之八什長以行之九戒卒以將之稱去聲長俱上聲

孔注典師謀各隨所能而教之也遵行之以戒之事也將之軍旅行陣也謀當作謂

補注此俱官人之事祇道以明之能問學則能通達

也稱賢以賞之以功定食也典師以敎之以賢得民也四戚以勞之親親也四戚謂內姓外婚朋友同里見大武解又別見大開武解位長以尊之重以事權則其屬有統也羣長以老之大農大工大商是謂三老也羣醜以移之如王制不變移之郊不變移之遂欲其改而之善也醜恥也什長以行之十人爲什什必有長也行謂行保甲之法戒卒以將之謂討軍實而申儆之也

嗚呼充虛爲害無由不通無虛不敗（由當作充通疑德字之誤）

孔注陰陽姦謂之充國無人謂之虛也

補注充即列子貌充心虛之充充全也又充虛見荀子儒效篇楊倞注充實也又充虛倣形見鹽鐵論錯幣篇據此則充當訓作滿謂人滿也與虛字緊對盖即文傳土多民少土少人多之義疑是彼處錯簡或曰充虛爲害即下篇有所積有所虛也當是大聚解脫文孔注陰陽姦不可解

大聚解第三十九

傳謂周儀克殷而年豐故有大聚之命大致與文傳

解彷彿易曰天地之大德曰生故五德總以生生爲

要規模草創居然周禮之先

維武王勝殷撫國綏民乃觀於殷政告周公旦曰嗚呼殷政總總若風草有所積有所虛和此如何董子度制篇有所積重則有所空虛本此

孔注總總亂也有積有虛言不平也

補注總總若風草亂靡有定之象有所積有所虛即前篇所云充虛爲害也武王將以反其政而均調之故曰和此如何

周公曰聞之文考來遠賓廉近者道别其陰陽之利相土地之宜水土之便相去聲

孔注禮遠賓廉近者道總上宜以愛民也

補注廉察也爰曙曰道别其陰陽之利如詩所云相其陰陽是也衡案土有剛柔燥溼之不同故宜别其利相視也土地之宜山林宜毛物皁物川澤宜鱗物膏物邱陵宜羽物覈物墳衍宜介物莢物原隰宜羸物叢物見周禮大司徒又職方氏揚州荆州青州宜稻豫州并州宜五種兖州宜四種雍州冀州宜黍稷

幽州宜三種是也水土之便如淮南所云汾水宜麻濟水宜麥河水宜菽雒水宜禾渭水宜黍漢水宜竹江水宜稻之類

營邑制命之日大聚先誘之以四郊王親在之

孔注四郊自近始也在察也

補注邑國邑也說文邑落曰聚生聚之道務欲其廣故曰大聚誘勸也邑外謂之郊王親在之恐有司不以上逮也麥曙曰營邑制卽周禮制其畿

賓大夫免列以選赦刑以寬亡復解辱

孔注亡者復之辱者解之

補注大夫曰賓導之也免勉通列位序也管子君臣曰其選賢遂材也舉德以就列壘子尙賢曰以德就列此言免列以選者謂士大夫勉於有位則進之選卽選造之義赦刑以寬卽周禮議賢之辟謂法有可原則當曲赦之也亡者復之立其後也辱者解之與以自新也

例赦口重皆有數此謂行風

孔注行風化也

補注奪其職曰削宥其罪曰赦重上空方疑是輕字
言惟輕惟重皆有科條故曰有數此謂行風令無阻
也

乃令縣鄙商旅曰能來三室者與之一室之祿

孔注以一丈夫之耕祿者盧文弨曰丈字或衍文者疑當作之

補注惠氏禮說曰言能招來外商之人則與之一夫
之田也白虎通云一夫一婦成一室銜桉此即周禮
載師之賞田一室之祿則半農人也

闢關脩道五里有郊十里有井二十里有舍

孔注待行旅也

補注闢開脩道卽夏令除道成梁之事五里有郊備憩息也十里有井備飲食也二十里有舍備止宿也此周初之制周禮則較此為備盧文弨曰地官遺人三十里有廬此作二十里疑譌衛案遺人凡國野之道十里有廬廬有飲食三十里有宿宿有路室路室有委五十里有市市有候館候館有積盧云三十里誤案此節與周語單襄公語相近闢開脩道卽所謂列樹以表道也五里有郊卽所謂國有郊牧也十里

有井即所謂立鄙食以守路也二十里有舍即所謂
廬有寓望也又秋官野廬氏掌達國道路至於四畿
比國郊及野之道路宿息井樹注宿息廬之屬賓客
所宿及晝止者也井共飲食樹爲蕃蔽案宿息井樹
義尤與此合

遠旅來至關人易資舍有委

孔注資易供其資也

補注案周禮遺人郊里之委積以待賓客野鄙之委
積以待羇旅注委積者廪人倉人計九穀之數足國

用以其餘其之所謂餘法用也少曰委多曰積

市有五均早暮如一遂行道來振乏救窮

孔注均平也言早暮一價

補注盧文弨曰惠云河間獻王所傳樂元語其道五均事云天子取諸侯之土以立五均則市無二價四民常均強者不得困弱富者不得要貧則公家有餘恩及小民矣衡案樂緯叶圖徵亦有聖王法承天以立五均強者不侵弱智者不詐愚等語案五均者輕重長短大小多寡精粗也早暮如一謂一日之間市

有三時不得更價在周禮有羣吏平肆展成奠價之
事送行逆來招外旅也在周禮有門關達節之事振
乏救窮憫無告也在周禮大司徒有振窮恤貧之事

老弱疾病孤子寡獨惟政所先

孔注當先恤也

補注孟子王政必先斯四者義與此合六十以外曰
老三十以內曰弱疾病如籧篨戚施之類幼而無父
曰孤老而無夫曰寡無子曰獨

民有欲畜發令

孔注命以畜牧

補注發令者蓋以助不足而貸之或謂此六字當在

六畜有擧一節上

以國爲邑以邑爲鄉以鄉爲閭禍災相卹資喪比服

孔注邑閭比相救恤比服共喪服也

補注二十五家爲閭五百家爲鄉邑有百室千室之分國有五十七十百里之別此言四方民大和會不以遠近爲隔限也禍災相卹卽大司徒相救相賙之義資喪比服盧文弨曰疑卽周禮所謂比共吉凶二

服也衡案比其吉凶二服者閭共祭器族共喪器黨
共射器州共賓器鄉共吉凶禮樂之器見鄉師職
五戶爲伍以首爲長十夫爲什以年爲長長上聲下同
孔注首爲五家長
補注五戶爲伍以家起算以首爲長尚能也十夫爲
什以人起算以年爲長尚齒也左襄十三年傳使其
什吏正義曰什吏謂十人長也惠氏左傳補注周書
大聚十夫爲什卽什吏
合閭立教以威爲長合旅同親以敬爲長

孔注敎由威有旅由敬親

補注合閭立敎由五戶爲伍合之至於二十五家也立敎則齒讓之化行故以威爲長合旅同親由十夫爲什合之至於五百人也同親則孝悌之誼明故以敬爲長惠氏禮說曰古文君讀爲威閭胥里宰亦稱君威猶君也衡校威與敬對仍當作嚴憚之義爲長且與上立敎二字貫此卽左右塾之謂威者夏楚二物收其威也虞書朴作敎刑是其切證

飮食相約興彈相庸耦耕□耘男女有婚墳墓相連民乃

有親

孔注言相通也

補注飲食相約男女以歲時聚會如醵錢飲烝之類與彈相庸惡氏禮說曰此里宰合耦之法也民功曰庸佐助曰相與起而檢彈之以佐助其功也衡案相庸義如相約相連相不得與庸對舉功作相勸曰與游惰相糾曰彈與如周禮興甿之興彈如漢時街彈之彈見周禮里宰合耦注疏文見水經注相庸者相為功也耦耕□耘通力合作也在周禮有遂大夫之勸男女有婚洽比

共鄰也在周禮有媒氏之掌墳墓相連死徙無出鄉也在周禮有大司徒族墳墓大夫令國民族葬之事

六畜有孳室屋既完民乃歸之

孔注六畜牛馬豬羊犬雞

補注六畜有孳在周禮則閭師縣師遂師掌之室屋既完于茅索綯也度地居民則司空之事

鄉立巫醫具百藥以備疾災畜五味以備百草

孔注草味同言五味非一也盧文弨曰同疑是不同

補注巫即祝由之類醫有疾醫瘍醫管子入國篇云凡國都皆有掌疾聾盲喑啞跛躄偏枯握遞不耐自生者上收而養之疾官又云凡國都皆有掌病十人掌病行於國中以問病爲事此鄉立巫醫之義藥三百六十五種見神農本草經言百藥者舉成數也禮月令孟夏之月聚畜百藥皆爲民疾疫而具故曰以備疾災五味酸苦甘辛鹹也周禮瘍醫凡藥酸養骨苦養氣甘養肉辛養筋鹹養脈春秋潛潭巴云五味生五藏者鹹生肝酸生心苦生脾甘生肺辛生腎黄

帝說生經云酸入肝辛入肺苦入心甘入脾鹹入腎

又甲乙經云穀則米甘麻酸大豆鹹麥苦黍辛菓則

棗甘李酸栗鹹杏苦桃辛菜則葵甘韭酸藿鹹薤苦

葱辛畜則牛甘犬酸豬鹹羊苦雞辛本草云石則玉

甘金辛雄黃苦曾青酸赤石脂鹹草則茯苓甘桂心

辛天門冬苦五味子酸元參鹹蟲則蜚零甘蛇蜩辛

蚝蝻苦伊威酸蜥蜴鹹百草郎百藥

立勤人以職孤立正長以順幼立職長以卹死立大葬以

正同 長上聲

孔注職同盧文弨曰同疑司字之誤職訓主司亦訓主也

補注勤人正長職喪大葬俱官名勤人正長如管子入國篇掌孤掌幼是也職喪大葬如周禮墓大夫家人之屬古者令民族葬不使他姓亂之故曰正同同謂同族

立君子以修禮樂立小人以教用兵

孔注禮樂干戚兵刃也盧文弨曰注有脫誤

補注君子文德之士故立以修禮樂小人技勇之士故立以教用兵

立鄉射以習容和獮耕耘以習還行容下舊衍春字今刪鍾本以春和連下七字爲句誤潘氏古遺春和獮三字斷句亦誤錢氏十駕齋養新餘錄引周書大聚解立鄉社以脩容以鄉射作鄉社以習容和作脩容俱誤

孔注羣行出入坐起隨行

補注地官鄉大夫以鄉射之禮五物詢衆庶一曰和二曰容三曰主皮四曰和容五曰興舞案夏有容臺習容之所春秋時官有和容晉羊舌大夫爲之此云容和卽和容也獮耕耘以習還行謂獮於耕耘之隙以講武事

教芧盧文弨曰芧本或作茅今從宋元本與樹藝比長句鍾本教芧與樹藝句比長立職句潘氏古逸同俱因孔注比長之職而誤立職與田疇皆通長上聲

孔注根衍曰芧比長之職通連比也盧文弨曰謝云根衍曰芧不知所出說文玉篇釋芧字皆謂草之可以爲繩者字亦通芧衡案芧與芧通芧布一名越布書島夷卉服孔傳南海島夷草服葛越張守節夏本紀正義東南草服葛越蕉竹之屬是也

補注古者衣食竝重故教芧與樹藝比長教芧者織布以爲衣樹藝者種穀以爲食比長謂較其生植也立職職田畯農大夫也田疇疆以之屬疇類也通謂歲時合耦遂師遂大夫移用其民以救時事也敷淸

白月令孔疏麻田曰疇彼此處疇字

立祭祀與歲穀登下厚薄此謂德教數德舊譌倒今據下文五德改正

孔注登下隨穀豐也

補注歲豐曰登歲歉曰下禮豐曰厚禮殺曰薄內經

曰辰戌之紀其穀元黅卯酉之紀其穀白丹寅申之

紀其穀丹蒼丑未之紀其穀黅元子午之紀其穀丹

白巳亥之紀其穀蒼丹是爲歲穀歲穀者言其時之

正色之純此又一義

若其凶土陋民賤食貴貨是不知政

孔注不順政故曰凶
補注土荒而不治則地脊是謂凶土民佚而不教則
俗偷是謂陋民賤食貴貨謂棄五穀而重珠玉也
山林藪澤以因其利工匠役工以攻其材商賈趣市以合
其用
孔注言政行也
補注工匠大匠也役工役羣工也攻其材如攻金攻
木之類商賈趣市以合其用以有易無也
外商資貴而來貴物益賤資貴賤物出貴物以通其器

孔注通其有無使相資也

補注外商貧貴而來以價昂也貴物益賤謂市旣立平價之官外商又復雲集則貴物無以居奇故益賤資賤物出貴物者謂以本產壅滯之物出賣於外則賤者可轉而貴故得以通其器也

夫然則關夷市平財無鬱廢商不乏資百工不失其時無愚不教則無窮乏此謂和德

孔注言政治和之所致也

補注關夷市平則百貨集財無鬱廢則農末通商不

乏資則轉徙便百工不失其時則器用足無愚不教如戚施直鎛籧篨蒙璆侏儒扶盧矇瞍脩聲聾聵司火皆官司之所材也故能以工受食而無窮乏愚如愚夫愚婦之愚無不教則無棄民矣和德者正德利用厚生惟和也

若有不言乃政其凶陂溝道路藂苴邱墳不可樹穀者樹以材木

孔注除藂種木

補注若有不言乃政其凶謂居脊土者不條陳其土

宜之事則終爲凶土矣故從而征之以督其惰陂溝卑溼道路走集藪茸鬱塞邱墳高聳四者俱不宜樹五穀故樹材木以備樵采之用

春發枯槁夏發葉榮秋發實蔬冬發薪蒸以匡窮困葉榮盧文弨曰當作華榮衡棻淮南主術訓春伐枯槁夏取果蓏秋畜蔬食冬伐薪蒸以爲民資是故生無乏用死無轉尸語俱本此

孔注以此匡之也

補注惠氏禮說謂此即臣妾聚斂疏材之職衡棻大聚所云與周禮不同周禮言聚此言發周禮是任臣

亥此是匡窮困葢以輔五穀之鈌春發枯槁出陳以
補不足也隔年存畜之物曰枯槁夏發葉榮秋發實
蔬皆以助民食葉榮嘉菜芹韭之屬實果實蔬園蔬
冬發薪烝舉火之物助民爍也烝通蒸薪烝柴也大
者曰薪小者曰烝發如發倉廩之發故曰以匡窮困

揖其民力相更爲師因其土宜以爲民資師宜資戶叶盧文弨曰惠云揖與輯同

孔注更相爲師匡貧次用也

補注揖其民力相更爲師如呂覽所載狂地辨土審

時諸篇是也淮南齊俗訓水處者漁山處者木谷處者牧陸處者農地宜其事事宜其械械宜其用用宜其人是爲因其土宜以爲民資也漢書貨殖傳因其土宜谷任智力

則生無乏用死無傳尸此謂仁德鹽鐵論通有篇生無乏資死無轉尸本此

孔注傳於溝壑

補注盧文弨曰惠云傳尸猶轉尸也淮南子繆而無轉高誘曰轉讀若傳衡案生無乏用則鰥寡孤獨得以盡年死無傳尸則孝子仁人可以無憾故曰仁德

轉尸猶孟子老羸轉於溝壑也淮南氾論訓注轉讀傳譯之傳

旦聞禹之禁春三月山林不登斧斤以成草木之長夏三月川澤不入網罟以成魚鼈之長且以并農力執成男女之功長上聲

孔注男耕女桑成此功也

補注此與文傳解山林非時不升斧斤同義春夏二時尤於農桑爲急故設漁樵之禁以成大務

夫然則有生而不失其宜萬物不失其性人不失其事天不失其時以成萬財萬財既成放此爲人此謂正德盧文弨曰

藝文類聚引此有生作有土無而字財作材云萬材已成教以爲人天下利之而勿德是謂大仁衡案正德乃五德之一當以德字絕尾藝文類聚作是謂大仁誤

孔注放散供人用也

補注生不失其宜五物均也萬物不失其性四靈馴也人不失其事九職任也天不失其時五紀協也萬財既成卽萬寶告成之義放讀上聲謂遵循也正德見書大禹謨

泉深而魚鼈歸之草木茂而鳥獸歸之稱賢使能官有材而士歸之關市平商賈歸之分地薄斂農民歸之水性歸

下農民歸利呂氏春秋功名篇水泉深則魚鼈歸之樹木深則飛鳥歸之庶草茂則禽獸歸之人主賢則豪傑歸之語意本此

孔注歷言自然之至

王若欲求天下民求當爲來之誤先設其利而民自至譬之若冬日之陽夏日之陰不召而民自來此謂歸德冬日之陽三句見文子精誠篇引老子語羣書治要引六韜太公曰夫民之所利譬之如冬日之陽夏日之陰冬日之從陽夏日之從陰不召自來故生民之道先定其所利而民自至又淮南主術訓冬日之陽夏日之陰萬物歸之而莫若之然鄧析子亦云爲君者若冬日之陽夏日之陰萬物自歸莫之使也皆本周書

孔注政善德之至也

五德既明民乃知常武王再拜曰嗚呼允哉天民側側余知其極有宜

孔注側側喻多長有國也

補注五德教德和德仁德正德歸德也民乃知常有恒産則有恒心也允信也民者天之所生故曰天民詩大雅天生烝民是也側側與惻惻通痌瘝一體也極謂建極余武王自謂知建其極則有以宜民人矣

乃召昆吾冶而銘之金版藏府而朔之

孔注昆吾古之利冶朔月旦朔省之也

補注盧文弨曰謝云昆吾乃掌冶世官註云利冶誤衡案昆吾不見周官蓋是時猶用古官號也山海經昆吾之山其上多赤銅蓋其地產金故冶人之事即以昆吾氏掌之在周官則謂之職金周禮秋官職金供金版是也國有大訓則書於版重其事也餅金謂之版或謂周禮所闕冬官昆吾即其一也

逸周書卷九終

逸周書卷十

晉孔晁注　　江都陳逢衡補注

世俘解第四十 世當作世與揲同揲俘猶襄二十五年傳所謂數俘也說見王氏廣雅疏證

此言伐紂所獲以及黨惡之國所得人數俘者係人之謂商書序遂伐三朡俘厥寶玉故俘亦兼寶在內漢律歷志引周書武成篇惟一月壬辰旁死霸若翌日癸巳武王乃朝步自周於征伐紂又引武成篇粤若來二月既死霸粤五日甲子咸劉商王紂 師古曰今文尚書之辭 又引武成篇惟四月既生霸越六日庚戌武王

燎於周廟翌日辛亥祀於天位粤五日乙卯乃以庶國祀馘於周廟師古曰亦今文尚書也衡案小顏以此二條爲今文尚書誤共八十二字皆見今世俘解然則世俘篇亦有武成之目矣惟今本世俘壬辰訛作丙辰癸巳訛作丁巳茲特據以改正則非第與三統合而於書武成時日亦無不水乳矣馮山公解舂集答閻百詩疑武成日月書云今觀世俘篇越若來二月既死魄越五日甲子朝至接於商云云次丁卯次戊辰次壬申次辛巳次甲申次辛亥次壬子癸丑甲寅乙卯自二月庚申朔數

至乙卯己五十六日不冠以閏二月而下卽云時四月旣旁生魄越六日庚戌武王朝至燎於周且中閒復說尅紂命伐時日如庚子乙巳不標以月夾雜非體史家紀事烏有此舛駮耶嗚呼此則古冊紊亂而孔氏校注是書又未嘗細心盤定之過也今斷以庚子乙巳二條移在甲申後則上下文義一貫時日俱不誤非錯亂而何至謂自二月庚申朔數至乙卯己五十六日不冠以閏二月此則古史體本如是也三代以前俱不紀閏月則此閏二月卽蒙前二月數下

故得有五十六日之多

維四月乙未日武王成辟四方通殷命有國此十七字疑是逸周書序脫簡與武王將行大事乎商郊武王率六州之兵車武王旣尅商建三監以救其民一例故云武王成辟四方若篇中之文不應爲此總目之辭且不應從維四月乙未日起

孔注言成者執殷俘適之以爲國也此克紂還歸而作也

補注四月武王卽位十三年之四月乙未初七日以下文四月旣旁生魄六日庚戌推之庚戌爲四月二十二日則逆數至四月初七日爲乙未也辟君也成

辟四方謂君天下也殷衆也通殷命有國謂大封國

邑遂通道於九夷八蠻也

惟一月壬辰旁死魄若翌日癸巳王乃步自於周征伐商王紂壬辰舊作丙辰旁死魄舊作旁生魄癸巳舊作丁巳今據漢志改正盧本改丙辰爲丙午丁巳爲丁未以就旁生魄之日非惟無據且與師行三十里三十一日渡孟津不合閏若據日以辛卯朔推之則一月旁生魄當爲丁未若翌日當爲戊申豈丙辰丁巳乎衡案由一日辛卯數至丁未是爲十七日翼日戊申是爲十八日蓋以就旁生魄之說而不知生魄實死魄之誤也今惟改從漢志則前後日月盡與今武成國語無不脗合

孔注旁廣大月大時也此本紀始伐紂師渡孟津也玩月大時三字則爲死魄生明時無疑蓋謂月漸大時若本文是生魄月由是漸小當云月小時據此則

孔注此背時是旁死魄

補注案書武成傳云此本說始發紂時一月周之正月旁近也月二日近死魄翼明步行也武王以正月二日行自周往征伐商二十八日渡孟津正義曰一月壬辰旁死魄謂伐紂之年正月辛卯朔其二日壬辰是也翼日癸巳王朝步自周於征伐商謂正月三日發鎬京始東行也一月周之正月是建子之月殷十二月也此月辛卯朔朔是死魄故曰二日近死魄魄者形也謂月輪郭無光之處名魄也朔後明生而

魄死望後明死而魄生律歷志云死魄朔也生魄望也顧命云惟四月哉生魄傳云始生魄月十六日也月十六日爲始生魄是一日爲始死魄二日近死魄也

越若來二月既死魄越五日甲子朝至接於商

孔注越於也朔後爲死魄末五字當在前注月夫時也下若云上節正文是生魄此節是死魄豈有不注生魄而獨注死魄之理

補注越若語辭來至也言越若至二月也既死魄二月朔也是日爲庚申前月二十九日已未晦冬至明

日庚申爲二月朔月朔則蘇故魄死而明生越五日甲子由庚申辛酉壬戌癸亥至甲子也盧文弨曰惠云接讀爲捷衛桼惠讀爲捷說本内則注當解作一月三捷之捷訓克勝也然不如仍讀如本字解作兵刃既接之接接交也接於商者謂接仗於商郊牧野之地卽漢志所云甲子昧爽而合是也

則咸劉商王紂執夫惡臣百人夫字盧改作矢今從舊作夫夫音扶

孔注劉克也夫惡臣崇侯之黨

補注咸劉滅絕之名夫猶彼也執彼惡臣絕紂黨也

太公望命禦方來丁卯望至告以馘俘

孔注太公受命追禦紂黨方來

補注方來疑即惡來方是國名粊東夷傳有方夷來其名也以其助桀爲虐故又謂之惡來惡來以力事紂是爲紂黨之魁故特命太公禦之丁卯二月八日

馘耳曰馘

戊辰王遂禦循自祀文王時日王立政 禦字疑衍張惠言曰自祀當作祀自

孔注禦循追祀以尅紂告祖考增帷而祭是日立王政布天下

補注戊辰二月九日也据史記武王載木主而征故唯祭文王告以克紂之事張惠言曰禦祀也下有禽禦之文則禦是車疑此禦是祀主車之名銜追也祀白文王追祀自文王而上也皆於文王主車祀之

呂他命伐越戲方壬申荒新至告以馘俘張惠言曰荒新二字疑羨文

孔注呂他將也越戲方紂三邑也

補注盧文弨曰惠云呂他南宮氏也越戲方一作反虎方見南宮中鼎銘衡案鍾鼎款識載南宮中鼎有三薛尙功曰右三器皆南宮中所作南宮其氏中其

名也南宮爲氏在周有之如書所謂南宮括南宮毛是也第二第三鼎曰伐虎方者虎方猶鬼方也虎西方之⿰阝犬是必因西征而昭其功以銘之耳案薛氏所言則南宮中者乃南宮括南宮毛之屬非所謂呂他也而且虎方猶鬼方非所謂越戲方也惠氏不考全文而截取以附合之誤矣或曰此呂他蓋呂伋之誤若南宮氏則當姓尹不當姓呂矣壬申二月十三日

上文方來是紂黨惡之人故曰禦此越戲方與下文靡陳衛皆紂黨惡之國故曰伐國名紀按襄九年戲鄭地

侯來命伐靡集於陳辛巳至告以馘俘

孔注侯來亦將也靡陳紂二邑也

補注集於陳駐師於陳也辛巳二月二十五日

甲申百弇以虎賁誓命伐衛告以馘俘

孔注百弇亦將

補注甲申二月二十五日衛邱益封康叔之地以虎賁者衛强於諸邑也

庚子陳本命伐磨百韋命伐宣方新荒命伐蜀乙巳陳本本下舊衍命字新荒蜀磨至告禽霍侯艾侯俘佚侯小臣四十有

六會禦八百有三兩告以馘俘此五十三字與下文百韋至二十六字舊本俱在乙卯籥人奏崇禹生開三終王定下故孔注云此復說尅紂所命伐也盧文弨曰此復說尅紂所命代故曰不與上文戎以庚子爲庚申乙巳爲乙丑非也衛案盧氏未會看出錯簡故依孔注爲言不知此七十九字當緊接甲申一條在辛亥薦俘殷王鼎之上非推文氣順下而支干排算毫無疑義

孔注此復說尅紂所命伐也庚子閏二月十一日禦大臣也張惠言曰大臣不當以兩計禦蓋謂車

補注庚子上距甲申十六日而甲申爲前月二十五日則大餘三十日爲乙丑晦大寒中明日庚寅爲閏二月朔順數至庚子爲十一日數至乙巳爲十六日

也其不言聞者古法簡質蓋卽蒙上二月而言陳本百韋新荒俱周臣磨宣方蜀霍艾俱紂黨惡之國陳本新荒蜀磨至者陳本尌磨以磨俘至新荒尌蜀以蜀俘至也佚侯淫逸有過失者故併俘之以示懲禽禦八百有三兩所獲輜重也國名紀鄒呂春秋揚鄒霍侯爵武王禽之汝之梁縣西南七十有故霍艾侯爵穆鼎有艾侯并之廣陽漢之上艾後漢石艾也衛案此所伐蜀國與庸蜀羌髳之蜀有別秦本紀蜚廉死葬於霍太山則霍爲紂黨惡之國可知羅氏又謂

佚侯之佚是國名疑誤前編作俘佚小臣
百韋至告以禽宣方禽禦三十兩告以馘俘百韋命伐厲
告以馘俘
孔注言南隅之言也
補注漢地理志南陽郡隨故國厲鄉故厲國也師古
曰厲讀曰賴
辛亥薦俘殷王鼎盧文弨曰通鑑前編作薦殷俘正殷鼎衛案王訛爲正又倒誤也
孔注殷國之鼎
補注殷王鼎殷彝器也如薛氏鍾鼎款識所載庚鼎

辛鼎癸鼎子鼎乙鼎之類辛亥閏二月二十二日

武王乃翼矢珪矢憲告天宗上帝

孔注矢陳也稷太牢別於天也盧文弨曰稷太牢不見正文疑有脫下云用牛於天於稷此不應頓見案書正義云天神尊祭天明用犢稷是人神祭用太牢貶於天神張惠言曰稷太牢三字是正文衡案此七字當在後文告周廟天稷也下

補注翼敬也珪所執以祀天旅上帝者憲法也大訓之類天宗六宗也六宗屬於天故曰天宗淮南時則訓注凡屬天上之神日月星辰皆爲天宗上帝昊天上帝也告祭也

王不革服格於廟秉語治庶國籥人九終

孔注不改祭天之服以告祖考急於語治也廟無別人也盧文弨曰末五字誤

補注此格於廟即禮大傳之牧室遂行館也以其奉行主故亦曰廟秉持也鄉亞而出之曰秉語庶國衆國也籥人舞佾也終成也

王烈祖自太王太伯虞公王季文王邑考以列升維告殷罪虞公傳在王季下今改正

孔注虞公虞仲邑考文王子也皆升王於帝

補注王列祖即禮大傳追王太王亶父王季歷文王昌也太伯古公長子次仲雍即虞公次季歷是爲王季伯邑考文王長子武王同母兄案太伯虞公邑考倶當在附祭之列孔謂皆升王於帝誤張惠言曰追王太王王季文王以太伯虞公邑考配也

籥人造王秉黃鉞正國伯

孔注於籥人進則王進正伯之位也

補注造作也正治也國伯謂九州之牧

王子王服袞衣矢琰格廟籥人造王秉黃鉞正邦君

孔注正諸侯之位也

補注壬子閏二月二十三日袞衣十二章天子服邦君小大庶邦也張惠言曰矢琰圭取其和難

癸丑薦殷俘王士百人

孔注王士紂之士所囚俘者

補注癸丑閏二月二十四日王士百人皆殷之良故謂之士以別夫惡臣也詩曰殷士膚敏

籥人造王矢琰秉黃鉞執戈王奏庸大享一終王拜手稽首王定奏庸大享三終

孔注大享獻爵奏庸擊鍾

補注此薦殷士於廟也矢琖秉鉞執戈設儀衛也拜手頭至手大祝九拜所謂空首是也稽首頭至地亦見周禮大祝注定安也張惠言曰庸功也錄功以告也大享一終用大享之樂也

甲寅謁戎殷於牧野王佩赤白旂籥人奏武句鍾本以武王入爲句誤王入進萬獻明明三終

孔注謁告也明明詩篇名武以干羽爲萬舞也

補注甲寅閏二月二十五日謁戎殷於牧野謂設奠

於牧野之館室以告行主也王佩赤白旗以號令也武大武樂此時所奏祇大武一成之歌明明盧文弨曰惠云卽大明衡案大明作於成王時故末章有涼彼武王語惠說不足據

乙卯籥人奏崇禹生開三終王定

孔注崇禹生開皆篇名告非一故連日有事也

補注乙卯閏二月二十六日崇禹崇羽也周語伶州鳩曰王以二月癸亥夜陳未畢而雨以夷則之上宮畢當辰辰在戌上故長夷則之上宮名之曰羽韋注

當初陳之時周二月昏斗建丑而斗柄在戌上下臨
其時名其樂爲羽羽翼其衆也篆禹爾羽古通用崇
長也長謂先用之也生開疑即厥初生民之詩或曰
明明崇禹生開即佮州嬀所謂羽鴎宣嬴亂也盜有
二名如繁遐渠之類

武王狩禽虎二十有二貓二麋五千二百三十五犀十有二盧文弨曰容齋隨筆貓作貓麋作麋案下文別有麋必有一誤犀十有二作犀十有三案處素云麋必有一作麋者古麋麋多通寫麈七百二十有一熊百五十有一羆百一十有八豕三百五十有二貉十有八麈十有六盧文弨曰麈容齋作虎

麋五十麇三十鹿三千五百有八有俱去聲下同

孔注武王克紂遂總其國所獲禽獸

補注此俱三月事也孟子曰園囿汙池沛澤多而禽獸至武王蓋因其有而狩之

武王遂征四方凡憝國九十有九國

孔注憝惡也

馘磨億有十萬七千七百七十有九盧文弨曰磨舊作魔訛億下不當更十萬廾字非衍卽誤俘人三億萬有二百三十

孔注武王以不殺爲仁無緣馘億也俘馘之多此大

言之也

補注箴磨嘗作箴庶箴庶殷衆也俘人謂在官者案

上文七言告以箴俘此特稽其總數蓋合殷商七十

萬衆如林之旅又加以九十九國逆命之邦故俘箴

之多至如此也

凡服國六百五十有二

孔注此屬紂也□□

補注總計周家臣屬之數凡千七百七十三國此六

百五十二國蓋三分有二之外未被文王之化者故

武王征而服之

時四月既旁生魄越六日庚戌武王朝至燎於周維子沖子綏文末六字又見後此處宜衍

孔注此於甲乙十六日也先廟後天者言功業已成故也盧文弨曰注十六日訛當作四月二十二日衛案此十六日是注時四月既旁生魄之文

補注前乙卯奏崇禹生開爲閏二月二十六日順數至巳未爲三月朔又順數至乙丑爲四月朔又順數至甲辰爲十六日望乙巳旁之又從乙巳順數至六日爲庚戌是爲四月二十二日案書武成言丁未祀

於周廟此但云燎於周即柴望也孔晁注先廟後天
本武成傳然燎於周廟在後以世俘本文證之蓋先
郊後廟沖子武王自謂謝墉曰凡沖子似皆有錯簡
書中惟成王有沖子之稱衡案沖子猶言沖人字通
作忡忡憂也書盤庚肆予沖人蓋憂當時水患與武王
憂紂之亂同故亦自謂沖人一自謂沖子也武王伐
紂恒稱太子發志不忍忘先君也此稱沖子亦此意
綏安也文文考也
武王降自車乃俾史佚繇書於天號

孔注使史佚用書重薦俘於天也

補注史佚尹佚也繇致也尚書帝命驗天有五號又曰帝者天號也周禮大祝六號一曰神號卽天號鄭注神號若云皇天上帝

武王乃廢於紂矢惡臣（臣下舊衍人字）百人伐右厥甲小子鼎大師

孔注廢其惡人伐其小子乃鼎之衆也

補注乃廢於紂謂以紂不可君天下之義告於天猶後世廢昌邑王之廢此六字自爲一事矢惡臣百人

又一事孔注廢其惡人誅惡臣百人卽咸劉商王紂時所執也伐發也甲兵革之類鼎則所俘殷王鼎也小子小臣也虎賁之類太師太公望也言此發於右者甲則小臣掌之鼎則太公陳之貴鼎而賤甲也

伐厥四十夫家君鼎帥司徒司馬初厥於郊號

孔注言初克紂於商郊號令所伐也

補注此薦殷巨室之彝器也如鍾鼎欵識所載瞿父鼎乙毛鼎秉仲鼎伯申鼎召夫鼎以及甚父尊單父彝冀父卣飲姬壺言父爵之類不言諸器者統於鼎

也夫家大家也司徒司馬三卿也不言司空者司空無事故不與也初厥於郊號郊南郊也祭天於南郊答陽也蓋初以天子禮祭天於南郊故曰初號卽天號以其行於郊故亦謂之郊號孔注謂初克紂於商郊誤

武王乃夾於南門用俘皆施佩衣衣先馘入上衣字去聲

孔注言陳列俘馘於宗廟南門夾道以示衆也取乃衣之施之以恥也

補注夾兩行排列也南門國南門也蓋由南郊禮畢

令軍士俱排列獻俘而入施佩衣衣指周軍士脫劍故施佩佩帶也衣衣去甲也先馘紂都之馘入入南門也

武王在祀太師負商王紂縣首白旂妻二首赤旂乃以先馘入燎於周廟謝墉曰白旗赤旗與前大白小白亦辭異而意同負紂縣首太師爲之不類且從上文讀下則亦當在甲子下衡案謝意亦從孔注解太師爲樂師故云不類至云此條當在甲子下則更不然案甲子克紂在殷郊牧野之地其地止有行館焉得有周廟衡斷以爲當在此且與上朝至燎於周下馘於國周廟等文聯接一氣

孔注王在祀主使樂師以紂首及妻首所馘入廟燎

也

補注武王在祀踐祀位也太師太公也克殷一役師尙父居首故特令以先馘入燎於廟也孔以太師爲樂師誤呂氏春秋古樂曰武王歸乃薦俘馘於京太室卽此

若翌日辛亥祀於位用籥於天位

孔注此詳說庚戌明日郊天祭俘所用籥衣事也（衣字誤當作人）

補注辛亥四月二十三日孔注詳說庚戌明日郊天

謨桉郊天在前上文燎於周繇書於天號初厥於郊

號卯大告武成郊天之事此祀於位用籥於天位者

宗祀文王於明堂以配上帝故曰天位也

越五日乙卯武王乃以庶祀馘於國周廟翼予沖子斷牛

六斷羊二漢志引武成作庶國祀馘於周廟

孔注於辛亥五日以諸侯祭其有斷煞者

補注乙卯四月二十七日乃以庶祀馘於國周廟謂

以越戲方等諸國馘俘薦之周廟也

庶國乃竟告於周廟曰古朕聞文考脩商人典盧文弨曰疑當作告

朕文考脩商人典以斬紂身告於天於稷

孔注言諸侯竟殺牲告周廟天稷也

補注庶國乃竟告於周廟者謂以馘俘次第告畢也古昔也言昔朕聞文考之訓故脩商家伐夏救民之典以斬紂身而上告於天於稷也

用小牲羊犬豕於百神水土於誓社

孔注百神天宗水土山川誓告也

補注用小牲降於天稷也百神水土指所過名山大川張惠言曰社所以誓衆故曰誓社

曰惟予沖子綏文考至於沖子用牛於天於稷五百有四

孔注及宗廟山川也

補注言予之脩典告天凡以安文考之心也用牛特牲也

用小牲羊豕於百神水土社二千七百有一

孔注所用甚多似皆益之

補注用小牲少牢也上言五百有四此言二千七百有一乃總計一月壬辰至四月乙卯所用之牲中有閏月凡五閏月蓋禱祀之餘兼以犒軍也

商王紂於商郊

謝墉曰自商王紂於商郊始其文皆當在前甲子朝至接於商下句則咸劉商王紂於商郊此處商王紂三字衍文也俘商玉億有百萬下乃接武王在祀至燎於周廟而止則時日亦符而文義無舛矣愚案商王紂於商郊六字定有脫文蓋以上言俘人自此以下則另紀俘玉也當分別看謝說似未明晰

孔注更說始伐紂時

時甲子夕商王紂取天智玉琰五環身厚以自焚

盧文弨曰五環二字舊本作璲今依張守節正義改惠氏云御覽引此曰紂取大智玉琰五班環身以自焚注曰天智玉之上美者班環身以自厚也又御覽七百十八引此云取天知玉琚及庶玉衣身以自焚庶玉則銷天知玉琚在火中不銷衡案御覽前一條班璲字之誤後一條庶玉衣身則抄變其詞而非原文也

孔注天智玉之上美者也璲環其身以自厚也

補注殷本紀甲子日紂兵敗紂走入登鹿臺衣其寶玉衣赴火而死周本紀紂走反入登於鹿臺之上蒙衣其珠玉自燔於火而死史公兩紀俱本此

凡厥有庶告焚玉四千

孔注衆人告武王焚玉四千也

五日武王乃俾于盧文弨曰于字疑衍千人求之四千庶玉則銷天智玉五在火中不銷周本紀正義引周書凡焚四千玉也庶玉則銷天智玉不銷紂身不盡也此蓋合正文與孔注言之

孔注紂身不盡玉亦不銷

補注五日乙丑丙寅丁卯戊辰己巳也是爲二月六日七日八日九日十日玉在火中不銷蓋寶玉也高誘呂氏淮亡爲注崙山之玉燔以爐炭三日三夜色澤不變卽此類

凡天智玉武王則寶與同

孔注言王者所寶不銷也

補注則寶與同者言同於庶玉不爲珍奇也

凡武王俘商舊玉億有百萬

補注億有百萬所以著紂淫侈之罪也

箕子解第四十一 七

盧文弨曰惠云廣韻引書武王悅箕子之對賜十朋別無所見當在此篇衡案箕子亦紂諸父告箕子卽所以告殷宗也下篇耆德解告殷舊臣並世家大族商誓解告商史氏及百官里居獻民今惟商耆存而箕子耆德俱亡或謂武王旣克殷訪問箕子乃封於朝鮮而不臣此其封之之文也

耆德解第四十二 七

商祚六百祀求賢之典最著故君奭篇曰我聞在昔

成湯既受命時則有若伊尹格於皇天在太甲時則
有若保衡在太戊時則有若伊陟臣扈格於上帝巫
咸乂王家在祖乙時則有若巫賢在武丁時則有若
甘盤率惟茲有陳保乂有殷故殷禮陟配天多歷年
所然則孟子所謂故家即此解所謂者德也受乃播
棄犂老而大命卒以傾焉故武王繼箕子告之非惟
引年尚德抑亦見殷之所以亡也

逸周書卷十一

商誓度邑武儆武權
孔氏無注成開有注

江都陳逢衡補注

商誓解第四十三

此滅殷後告商史氏及百官里居獻民也題曰商誓蓋以著紂之惡並以見我周世有令德實商先哲王用顯西土則我今日之告亦脩商典反商政耳爾諸臣百姓其安受之

王若曰告爾伊舊何父□□□□幾耿肅執乃殷之舊官人序文□□□□及太史比句小史昔句及百官里居獻

民□□□來尹師之戒戒字舊訛在敬諸下敬諸侯聽朕言用胥生蠲尹

補注伊姓舊謂殷室之舊何父殷遺老疑是伊尹之後故曰伊舊何父其號也官人序文如周禮序官之目比太史名昔小史名百官居里即百姓里居見酒誥孔傳族姓及卿大夫致仕居田里者猷民賢民也尹師如立政所謂尹伯謂有司之長胥生胥匡以生也蠲除也革去故也尹正也刪從新也

王曰嗟爾衆予言若敢顧天命予來致上帝之威命明罰

今惟新誥命爾敬諸朕話言自一言至於十話言其惟明
命爾

補注若敢謙言之義顧視也天命殛商故予來致上
帝之威罰今惟新誥命爾以革其舊染之俗誥命曉
喻也其惟明命爾故盡言以相告

王曰在昔后稷惟上帝之言克播百穀登禹之績凡在天
下之庶民罔不維后稷之元穀用蒸享在商先誓王明祀
上帝□□□□亦維我后稷之元穀用告和用胥飲食肆
商先誓王維厥故斯用顯我西土

補注此述祖德以諭之也上帝之言猶云帝命率育也克播百穀謂稷爲堯農師登禹之績登升也言禹得后稷教稼而始告成功元穀善穀也用蒸享者民乃得以粒食養其親祭其先也誓王盧文弨曰悊云誓讀曰哲下並同衡案悊讀曰哲者以康誥有往敷求于殷先哲王酒誥有在昔殷先哲王召誥有茲殷多先哲王在天之語也或曰誓適作逝先誓猶上賓登遐云爾用告和四時調也用胥飲食萬民養也故商先誓王以我后稷厥功甚大是以屢有錫命之典

而我西土因以光顯焉案竹書紀年祖乙十五年命邠侯高圉盤庚十九年命邠侯亞圉祖甲十三年西戎來賓命邠侯組紺武乙三年命周公亶父賜以岐邑三十四年周公季歷來朝王賜地三十里玉十瑴馬十匹文丁十年周公季歷伐余無之戎克之命爲牧師此俱商先王益封周室而西土日益光顯之證

今在商紂昏憂天下弗顯上帝昏虐百姓奉天之命上帝弗顯乃命朕文考曰殪商之多罪紂肆予小子發弗敢忘

何天命朕考胥翕稷政肆上帝曰必伐之予惟甲子尅致

天之大罰曰帝之來革紂之口方圜疑是政字予亦無敢違天命

敬諸

補注此節序伐紂之由昏亂也憂病也昏虐則又甚矣弗顯上帝受自絕于天也上帝弗顯天不佑于紂也殘殺也朕考文考胥相也翕合也稷后稷也言我文考之德政上符后稷故天佑之而命以伐紂之事

甲子尅紂之日

昔在我西土我其有言胥告商之百無罪盧文弨曰趙疑百字下當有姓守其惟一夫予旣殛紂承天命予亦來休命爾百姓里居

君子其周卽命□□□□□□□□□□□□
□□□□□□□□□□爾冢邦君無敢其有不
告見于我有周其比冢邦君我無攸愛上帝曰必伐之今
予維明告爾予其往追□紂遂𨗨集之于上帝盧文弨曰遂本或作逹𨗨與臻同

補注其周卽命以上統論之詞爾冢邦君則告殷舊國也言爾百姓無罪罪惟獨夫我昔於西土未與師之日已有明言矣今予旣誅紂而來致休美則爾百姓里居君子當卽命於周爾冢邦君無敢其有不告

見于我周言與周一心相告語也若其比黨於紂則我無所愛亦上帝所不佑明告猶明命也趙曦明曰上帝曰必伐之已見上文此處語勢似不當有疑衍衡案前云上帝曰必伐之者伐紂也此言上帝曰必伐之者伐紂之黨也蓋指方來越戲方等諸國故曰往追遂遂集之於上帝者言大勳已集俱得以馘俘入告也

天王其其有命句王字衍盧本連爾字斷句誤爾百姓獻民其有綴艿夫自敬其有斯天命句鍾本夫自敬其有斯天命不令句誤不令爾百姓無告西

土疾勤其斯有何重天維用重勤典起我罪勤我無克乃
一心爾多子其人句鍾本爾多子其人自敬助句誤自敬助天句鍾本助天永休句
誤永休于我西土爾百姓其亦有安處在彼宜在天命□
及惻興亂尘方疑是若字及惻疑反側之誤予保奭其介有斯勿用天命
若朕言在周曰商百姓無罪朕命在周其乃先作我肆罪
疾予惟以先王之道御復正爾百姓越則非朕負亂惟爾
句在我
補注盧文弨曰綴艻謂若絲之絕而更續草之刈而
更生也衡案艻當作荔言爾百姓獻民中或有不軌

之徒若嘉禾之旁有綴涉則必爲所耗惟爾當自有
以警察之夫自敬其有斯天命則爲周友民我定有
以安輯之不令爾百姓毒痛無告也西土至我無二
十一字有脱誤克乃一心謂周臣多子即多士謂之
子者男子之美稱洛誥予旦以多子越御事正義曰
大夫稱子多子衆大夫也自敬助天永休於我西土
言爾多子能助宅天命則紹我見休爾百姓其亦有
安處矣在彼宜在天命彼謂百姓言當察天命不可
違也若反側興亂是謂迷民則我有亂臣保乂其人

者其以斯勿用天命之罪爲最大而治之保奭三字見君奭奭召公名保官名若朕言在周曰商百姓無罪即前云昔在我西土我其有言胥告商之百無罪也西土即周故又曰朕命在周於此而乃有不用我命則是先作我肆罪疾者予惟以先王之道御復正衛百姓矣御統御也復如復逆之復正治也越則非朕予扚敢有越厥志也負亂惟爾則在所必誅在我則刑茲無赦

王曰百姓我聞古商先誓王成湯文選王融曲水詩序注引此句無誓字克

辟上帝保生商民王融曲水詩序注民作人避唐諱克用三德德下舊衍疑字商民弗懷用辟厥辟今紂棄成湯之典肆上帝命我小國曰革商國肆予明命汝百姓其斯弗用朕命其斯爾冢邦君商庶百姓予則咸劉滅之咸字舊作空闕

補注克辟即克配保生商民謂伐夏救民也克用三德言湯能用賢三德猶三事謂卿大夫商民弗懷故云我后不恤我衆舍我穡事而割正夏用辟厥辟致天之罰辟以止辟也今紂棄成湯之典則紂一桀矣小國謙辭猶云小邦周也革商國除紂惡也肆予明

命則汝百姓當受命於周矣其斯弗用朕命是負亂

也則爾家邦君與爾百姓自取滅亡矣

王曰雒予天命句鐘本雒予句誤維旣咸汝句鐘本天命維旣句誤克咸天

休于我有周句鐘本咸汝克承天休句誤斯小國于有命不易昔我盟

津帝休辨商其有何國命予小子肆我殷戎亦辨百度口

口美空方疑是之休二字左右予小子肆劉殷之命今予惟篤祐爾

予史太史還盧文弨曰予史本或作予吏今從元本章不然予字亦似譌衡案于史史字誤我寔

覷爾埔疑背徹諸諸舊譌請其斯一話敢逖僭予則上帝之明

命予爾拜句拜口百姓空方疑是乃字越爾庶義庶刑予維攷西

土我乃其來卽刑乃敬之哉庶聽朕言罔背告
補注盧文弨曰說文靃飛聲也兩而雙飛者其聲靃
然徐呼郭切徐鍇曰其聲靃忽疾也然則此亦當爲
命不于常之意衡案靃予天命當是一旦奄有天下
之義所謂其興也勃焉是也維既咸汝咸滅也汝指
商紂小國自謂不易謂不改易也昔我盟津指誓師
之曰帝休辨商其有何國言上天特降休命以判別
商家從善之國其有何國實式賴之而命我小子以
殷戎之事也故予承帝命亦惟判別爾百度之休美

用能左右予小子肆劉殷之命今予惟篤祜爾則所以福汝者自有道矣篤厚也祜福也爾謂順命於周者我寔觀爾靖疑言爾殷室舊國咸能安定厥志則我疑爾商臣之心亦靖胥敬諸戒之之詞其斯一話敢遂僭猶所謂朕不食言也予則上帝之明命則法也予謂拜禮及爾諸臣拜乃百姓禮及爾萬民爾臣民其共保之庶義庶刑自有我西土成法在我乃其來即刑則汝負亂之衆其聽朕言無謂我不相告也

度邑解第四十四

此牧野既事之後武王相視商邑處四方未定欲效
殷人傳及之法叔旦泣弗敢受武王於是圖度有
夏之居爲營洛邑而去
維王尅殷國君諸侯乃厥獻民徵主九牧之師見王於殷
郊
補注獻民賢民也主卿周禮所謂主以利得民者主
謂大夫盜衛時徵聘殷士之在位者故曰徵主猶後
文言厥徵天民也九牧之師周本紀作九牧之君盧
文弨曰鄭康成注尚書云州立十二人爲諸侯師以

佐牧張惠言曰徵進也大夫曰主徵主采地之君師長也九州之長入天子之國曰牧

王乃升汾之阜以望商邑

補注升汾之阜周本紀作登豳之阜史詮曰度邑篇作汾蓋因汾與邠相近遂誤爲豳耳梁曜北曰史詮從周書作汾是也汾近朝歌卽郡國志潁川襄城縣之汾邱若在栒邑之豳何從登其阜以望商邑乎盧文弨曰左氏襄十八年傳楚子庚治兵於汾卽此地也去朝歌不遠故可望商邑本有作豳字者誤施彥

士曰襄城之汾在朝歌西南五百里安得爲近且武
王來自朝歌而反渡河而南從五百里外望朝歌何
哉汾阜當在今山西蒲州府東北百二十里榮河縣
商祖乙所都之耿在今絳州西百里河津縣僅隔一
水故升阜以望之衛棨元鳥之詩曰殷土芒芒又曰
邦畿千里則此商邑不必定指朝歌其曰汾之阜者
乃汾水上之阜如汾陰脽之類耳水經汾水又西至
汾陰縣北西注於河注水南有長阜背汾帶河阜長
四五里廣二里餘高十丈汾水歷其陰西入河漢書

謂之汾陰脽應劭曰脽邱類也

永歎曰嗚呼不淑充天對充舊作兌今據王融曲水詩序注改遂命一曰維顯畏弗忘王至於周自鹿至於邱中曲水詩序度邑靜鹿邱之嘆注引周書自鹿至于邱中又云引書邱或作菀具明不褻王小子御告叔旦叔旦亟奔即王曰久憂勞問害不寢盧文弨曰害與曷同曰安予告汝

補注充當也遂命一曰猶云一息尙存也遂盡也維顯畏弗忘顯明也畏威也言上帝既付予有家我惟此明威之命弗敢忘耳施彥士曰對即作邦作對之對武王升汾阜以望商耿知不可以作邑故永歎曰

不敢充天對言此地不善不可以立郊廟配上帝也
於是從茅津濟河自宜陽鹿蹄山至檜之邱中以度
東周形勢鹿蹄山在今河南府西南七十里宜陽縣
東南五十里有甘鹿地昭公十七年傳陸渾衆奔甘
鹿邱中在今開封府西二百里新鄭縣成周之東界
也衡案晉書陸機傳列軍自朝歌至於河橋鼓聲聞
數百里長沙王乂奉天子與機戰於鹿苑考晉朝歌
屬汲郡即今河南衛輝府之淇縣文選引周書邱中
或作苑中疑即所謂鹿苑也是時殷紂、好女好鹿故

養鹿之所俱得以鹿名則其地自當在朝歌左右後
考淩曙曰王小子卽成王
王曰嗚呼旦維天不享於殷發之未生至於今六十年夷
羊在牧飛鴻滿野案金樓子誤以末二語爲夏后旣衰之事又誤以蜚鴻爲蜚虻藝文類聚獸部引周書曰夏桀德衰夷羊在牧飛蛤滿野御覽九百二引同俱誤
補注史記正義謂六十年從帝乙十年至伐紂年此
蓋從周本紀推算據紀年帝乙九年帝辛五十二年
周師伐殷則六十年當自帝乙初年起算其所謂天
不享於殷者蓋謂武乙無道畋于河渭大雷震死文

丁之世戎患不絕也夷羊怪物商羊類羊之類周語
注謂是神獸淮南本經訓注謂是土神俱誤博物志
隨巢子俱作夷羊與周書同史記周本紀作麋鹿不
知何據飛鴻蟻蠓也淮南作飛蛩注蝗也隨巢子作
飛拾博物志作飛蝗
天不享于殷自幽自幽舊作自幽盛本從史記刪二字乃今有成
補注史記索隱曰言上天不歆享殷家故見災異我
周今乃有成王業者也張惠言曰自幽從微至著也
衡案自幽當作自豳形近而誤言我周自公劉遷豳

之曰天已眷顧故今乃克用有成也

維天建殷厥徵天民（民下舊衍名字）三百六十（句）天弗顧亦不賓威（天舊作夫據史記索隱引隨巢子天鬼不顧亦不賓則夫當作天威舊作成史記作滅盧依惠定作威威滅同賓云聲）用戾於今

補注天民周本紀作名民弗顧作不顯索隱曰言天初建殷國亦登進名賢之人三百六十夫既無非大賢（無字疑衍）未能與化致理故殷家不大光昭亦不即擯滅以至於今也衡案周家王業自遷豳以來寖昌寖大其所以遲至於今者則維天建殷之初人材間出

如伊尹伊陟臣扈巫咸巫賢甘盤俱以名世大賢保乂有殷遂得循建官之制厥徵天民有三百六十之多以爲殷家序官之常法降及於紂君雖不德猶有微子微仲王子比干箕子膠鬲皆賢人也故自武乙而後天雖不眷顧有殷然亦不驟加殄滅故得延至於今也

嗚呼予憂茲難近飽于卹辰是不室我來所定天保何寢能欲王曰旦予克致天之明命定天保依天室志我共惡俾從殷王紂盧文弨曰惠云俾當作卑古畀字

補注子憂茲難天難諶也近飽于鄗鄗亦憂也憂塡於中故曰飽辰是不室指商紂辰時也言商家已不能保有其室故我所以來爲定天保故耳天保卽大雅天保定爾之義天室王者建都之地謂殷邦也依倚也志我共惡俾從殷王紂周本紀作悉求夫惡貶從商王受索隱曰言今悉求夫惡人不知天命不順周家者咸貶責之與紂同罪故曰貶從商王受衡案此承上文說下言我克致天之明命旣伐商大定得依天室矣凡志我之志而共惡殷亂者罔不從滅商

紂故曰志我共惡俾從殷王紂

四方亦肯來定我於西土盧本從史記改作曰夜勞來定我于西土亦肯來朁詨亦宜未李兆洛曰史記勞來徐廣曰一云肯來此赤宜未當是亦肯來之詨今依改

補注言天下悉肯從周也

我維顯服及德之方明叔旦泣涕于常悲不能對王□□

傳于後之方當是其敬二字蓋即周公答語

補注上言紂室不保我因來致天命而四方亦罔不從周若此此而定天保依天室亟亟矣我乃不豫有加則是無德堪此也惟有讓位有德以定此居耳顯

明也服章服及謂傳及德之方明餔噧指周公蓋謂

顯明此章服以及公故叔旦悲不能對而謂王其敬

傳於後言傳及不可當以與子常與裳通泣涕於常

猶所謂泣下沾衣裳也

王曰吕汝維朕達弟（句舊本下予字多作子鍾本汝維朕達弟子句誤）予有使汝

句汝播食不遑暇食矧其有乃室今維天使予惟二神授

朕靈期予未致于休（下于字舊作子誤）予近懷于朕室（于舊作子誤）汝

維幼子大有知

補注武王將欲傳及於公故呼達弟而告之言予有

使汝則汝固嘗播食不遑暇食矣其公而忘私雖勞瘁不辭矧其有乃室而肯效殷家傳及之法耶此三句代表公之心迹言非汝有此任受之意也今惟天使子則子無可辭二神王季文王也二后在天之靈故曰神授朕靈期謂告以畢數之期言朕身不豫不能久於在位也靈期亡白也予未致予休者致至也言天下尚未致太平故近懷于朕室室謂天室幼子指叔旦大有知言多材多藝也薛傳均曰據徐鼎臣云禮記夢帝與我九齡通作靈是靈即齡也文王曰

我百爾九十吾與爾三焉預告以耋之期限卽授朕

霝期之證二神蓋指帝與文王

昔皇祖底于今勛厥遺得（句鍾本勛厥遺句誤）顯義告期付于朕身

肆若農服田飢以望穫予有不顯（句）朕卑皇祖不得高位

于上帝汝幼子庚厥心（汝幼子句庚厥心句鍾本汝幼子庚句誤）庶乃來（句）班

朕大環茲于有虞意（鍾本茲于有虞句誤）乃懷厥妻子德不可追於

上（句）民亦不可答于朕下（句）不賓在高祖維天不嘉于降

來省汝其可瘳于茲乃今我兄弟相後我龜筮其何所卽

今用建庶建（盧文弨曰庶建建或作遠建）叔且恐泣涕共手（共音拱）

補注皇祖后稷也勗與冒通懋也得與德通勗厥遺
得肯自后稷以至文王皆由懋勉以遺厥德顯明也
義謂弔伐之義告朔即所謂授朕靈朔也付于朕身
則任大責承肆若農服田飢以望稼穡文昭曰恐云
飢與幾同幾讀曰冀衡案當如飢饉之飢予有不顯
言我或有爽德不能繼前人之緒以光顯之則必不
能追崇先祖矣是朕畢皇祖不得高位於上帝言不
能尊祖以配天也庚更也庚厥心謂不必泥傳世之
常庶乃來庶謂庶民來從也班布也位也瑗宮衛之

官左傳有環列之尹周禮夏官有環人此大環猶書所謂大麓蓋寵異之名隱以攝政托公矣虞憂也乃懷厥妻子設言之辭言我所憂甚大設乃懷厥妻子不爲宗社大計則德不可追於上民亦不可答於朕下矣朕下謂自朕以下言上無以對先祖下無以答羣臣百姓也如是則豈惟皇祖不得高位于上帝將不賓在高祖矣高祖太王以上也古謂前王大行爲上賓於天言在帝左右也不賓則弗克追配矣惟天不嘉丁降來省省逌作眚言天不予佑而降茲災眚

故不豫汝其可瘳於茲汝謂周公言當此昊天不弔之際惟望付托於汝則災眚庶可抽去耳乃今我兄弟相後則武王本意實欲傳及於公矣我龜筮其何所即即就也言朕志已定無庸就問於龜筮庶建當作庶逮逮即所謂逮弟也今用建庶逮者言傳位不必泥於嫡長當選支子之逮者而建之案叔旦亦同母弟而云庶逮者言我旣不能久於位而誦又幼沖則當旁求支子入承大統以續前業荀子儒效篇曰以枝代主而非越楊倞注枝枝子周公武王之弟故

曰枝圭成王也此庶違謂周公之明證也張惠言曰
庚通也庶庶幾班分也班朕猶助朕環衛也兹兹民
虞樂也言汝通達其心庶幾助我大衛兹民使有樂
生之意能安其妻子也朕下二字當倒朕字屬下句
言不可以追於上不可以咎於下我則不能賓享高
祖惟天降省亦且不嘉惟汝其可救此
王曰嗚呼旦我圖夷兹殷其惟依天其惟憲命求兹無遠
天有求繹相我不難相去辭自洛汭延于伊汭居陽無固其
有夏之居我南望過于三塗我北望過于有嶽丕願瞻過

于河宛盧本據史記改作我北望過于有嶽鄙顧瞻過于河宛又云案史集解徐廣曰武王問太公曰我將因有夏之居南望過于三塗北瞻望于有河語亦相似衡案漢地理志瓚引作周書度邑瞻于伊洛無遠天室其茲度邑其下茲下舊衍曰字今刪

補注圖謀也夷平也依倚也憲命天所出也求茲無遠茲謂天室天有求繹帝度其心也和助也洛伊二水名水北曰汭延及也水北又曰陽故曰居陽蓋謂其地居洛水伊水之北也無固謂不險要史記作居易無固索隱曰言自洛汭及伊汭其地平易無險固衡案史本是易字易即陽後人訛爲易也夏大也有

夏之居即有那其居之義左傳昭十七年晉侯使屠
蒯入周請有事於洛與三塗杜預注三塗山名在陸
渾南案三塗山在今河南府嵩縣西南或以大行轘
轅崤澠當之非也有嶽史記作嶽鄙索隱曰嶽葢河
北太行山案嶽即太岳在今山西霍州東南丕大也
瞻視也河大河宛在今衛輝府濬縣西水經注宛水
自石堰東注宛城西屈逕其城西魏書地形志朝歌
有宛城寰宇記在衞縣北四十里言我旣南望過於
三塗北望過於有嶽此居陽無固實洪泱乎有夏之

居也我其瞻眺於河宛伊洛之間以建王國此我之
丞願也爾其無遠天室於兹度邑以慰我願可耳蓋
俱以後事屬公之語

武儆解第四十五

此武王詔周公立小子誦之文蓋托公以後事也文
不止此疑有缺落

惟十有二祀四月王告夢丙辰出金枝郊寶開和細書命
詔周公旦立後嗣屬小子誦文及寶典王曰嗚呼敬之哉
汝勤之無蓋□周未知所周不知商□無也朕不敢望敬

守勿失以詔寘小子寘盧本作宥下注云俗本作寘今從元本章本又作賓字衡案仍當作寘字爲是

日允哉汝夙夜勤心之無窮也

補注此因周公涕泣辭相後之言故命立小子誦也王告夢夢不辭也丙辰日也案紀年武王十七年命王世子于東宮卽此事據徐圃臣天元厤理攷古法武王十二祀辛卯巳月甲午朔若以時憲法用紀年積年推之巳月癸巳朔丙辰爲二十四日十七祀巳月朔爲甲子無丙辰丙辰係辰月二十二日月日必有誤金枝郊寶開和供周家典冊金枝譜牒也枝宗

枝以其書於金版故謂之金枝郊寶郊祀上帝之書
蓋紀太微五帝感生帝之類以其爲子孫世守之重
器故謂之郊寶開和見大開解出者取諸太史而設
之也細書者敬錄之辭誦成王名生於帝辛四十七
年至武王十七年成王年十二以周公不肯傳及故
有東宮之命紀年書其事武儆則其命立之文也屬
者以天位付屬之文則命立之文如後世大行傳位
詔書是也寶典書名見第二十九及者畫此書亦陳
也嗚呼敬之哉以下皆武王托公之辭汝勤之至未

中有脫文難解大約言商周之勢尚未可知蓋已意
及武庚之叛而並陰識所監之非人矣按監殷三叔
俱武王同母弟故不忍明言其曰周未知所周又曰
不知商其意念蓋已深矣朕不敢望言殷遺之靖與
亂而復治皆非我所敢必特以其事難顯言故不竟
其辭也敬守勿失諄勉之辭以詔寘小子詔卽命立
之詔寘置也置與示通詩曰示我周行示猶置也未
句武王嘆美周公之辭

五權解第四十六

此篇實周公官禮所本後半反言以足其義三機輔
輔在心退藏於密非可以外洩也故專以五權名篇

維王不豫于五日召周公旦曰嗚呼敬之哉昔天初降命
于周維在文考克致天之命汝維敬哉先後小子勤在維
政之失政有三機五權汝敬格之哉克中無苗以保小子
于位

補注不豫不安也武王知疾不起而以輔孤托公故
召而昜之降命降大命先後小子扶掖其身也勤在
維政之失書所謂繩愆糾謬格其非心詩所謂袞職

有關仲山甫補之也蓋命公以師保之任三機用以防亂五權用以經國克能也中即下文維中是以之中苗通作緢克中無緢言無毫釐之不當也

三機一疑家二疑德三質士疑家無授衆疑德無舉士質士無遠齊吁敬之哉天命無常敬在三機

補注機謂事之形於未然者前大臣解王在管管叔自作殷之監則監殷非出武王本意蓋管叔恃親而請也武已預料有後日之變則於疾大漸時不得不爲公告之疑家即指管叔無授衆謂不可予以大權

疑德指殷遺無舉士士與事通謂當相時而動也周
公[illegible]兩三年坐鎮其地而後次第剪除賓師其意質
士無遠齊質謂斷質無遠齊言當求之近也武蓋逆
知流言必出於骨月故教公預防之吁敬之哉嘆而
復儆之也天命無常則爲殷爲周未可知也可不敬
哉

五權一曰地地以權民二曰物物以權官三曰鄙鄙以權
庶四曰刑刑以權常五曰食食以權爵權爵下舊有不遵承括食不宜不宜授臣十一字今刪

補注地以權民度地居民也物事物也物以權官量能授職也鄙野也庶農也鄙以權庶計口授田也刑者五常之鞭策則以權常飭紀陳綱也食食采地也食以權爵班祿定制也

極賞則淈淈得不食

補注極賞則淈猶史記解所謂屈而無以賞也盧文弨曰淈與屈同荀子宥坐篇言水洸洸乎不淈盡似道楊倞云淈讀爲屈竭也家語三恕篇正作屈盡衡案極賞則物產必盡是猶掘地而取故生之者少而

民不得食此食不權爵之過也

極刑則仇仇至乃別

補注極刑則仇虐民則民讎也別者別有所屬謂心向外不親附此刑不權常之過也

鄙庶則奴奴乃不滅

補注鄙庶則奴庶侈也治野無法則民習於侈而陷於非故奴滅絕也奴乃不滅犯法者衆也犯法者衆則耕者無人此鄙不權庶之過也

國大則驕驕乃不給官庶則荷荷至乃辛謝墉曰荷與苛同見漢書酈食

其傳盧文弨曰桒辛疑䇂字之訛說文叢生草也讀若浞于背細煩碎之意爲近且桒字从䇂則辭當亦相近與上所用韻亦協衡桒荷當讀如何天之寵之何辛乃辟字之誤

物庶則𣞤𣞤乃不和盧文弨曰孔本𣞤於乃字旁校云宋作𣞤梁處素云𣞤疑𣞤字之訛說文引尚書庶草繁𣞤是也𣞤字當重文衡案梁說是今从之盧又云和字亦必誤衡案和字當作秩

補注國大則土驕土驕則使令常若不給而官庶官庶則祿寵者多而陷於刑辟者必衆物庶則政事麗雜而官階無序此物不稱官之過也

地庶則荒荒則菑人庶則賤賤則匿

補注盧文弨曰菑當如爾雅守宮槐葉晝聶宵炕之聶

合也脈其滿皆閉塞而不能疏通是之謂敢衡案地庶則荒所謂土多人少非其土也人庶則匿所謂人多土少非其人也敢當作敝謂地荒不治則寇盜生故居者多恐懼而心動蕩竭也民貧則竭勢必遠徙樂土有似逃遁故曰匿此地不權民之過也

嗚呼敬之哉汝慎和稱去聲五權句維中是以句鍾本汝慎和稱句五權維中句是以以長小子于位句俱讀以長小子于位寔維永寧長上聲

補注調而能一日和輕重不失曰稱維中是以以用也以長小子於位長猶保也

成開解第四十七

成成王也開即取大開告用之義篇中言父顯父正父機父猶襲殷人官號其作於元年無疑

成王元年大開告用盧文弨曰案篇中云今商孽競時逋播則在東征之先舊作九年非也今从趙改衞案周書序是元年趙改本此

孔注周公大開告道成王用之也

補注大開有開門明目達聰之義告用則嘉謨嘉猷無不采納矣

周公曰嗚呼余夙夜之勤今商孽競時逋播以輔子何循

何慎非其敬天命無易天不虞舊本何術下重何術二字係衍文今刪

孔注言商餘紂子祿父兢求是逋播逃越之人以自輔當敬天命備不度者也

補注將勉以文考之緒言故洗以商孽儆之天難忱斯不易惟于當預爲綢繆牖戸之計

在昔文考躬脩五典勉茲九功敬人畏天教以六則四守五示三極祗應八方立忠協義乃作

孔注祗敬協和

補注此教以儀式刑文王之典也敬人畏天是文考

一生心學立忠則不欺協義則用和

三極一天有九列別時陰陽二地有九州別處五行三人有四佐佐官維明五示顯允當明所望（當字舊脫據孔注補）

孔注四佐謂天子前疑後丞右輔左弼也當明謂五示示於明也（五示上疑脫當以二字）

補注盧文弨曰惠云九列即九星衡案三極已見前小開武解小開武言九星此謂日月所行之九道故曰九列別時陰陽謂寒暑也五行謂土在中央木在東金在西火在南水在北故曰別處人有四佐謂四

枝佐官維明官五官耳目口鼻心也

五示一明位示士二明惪示衆三明主示寧四安宅示孥五利用示產

孔注主明則民安之安宅則妻子寧利用則產業衆

補注明位則爵有尊卑而上下辨明惪則君有賜予而恩誼通明主則序有統屬而分次定安宅則國有定居而家室宜利用則民有恒業而生養遂

庶足不窮家懷忠終主爲之宗德以撫衆衆和乃同

孔注言五示之義同謂和同也

補注施彥士曰此承上五示而歷言其效也產足不窮利用之效家懷思終安宅之效主爲之宗明主之效德以撫衆明惠之效衆和乃同明位之效

四守一政盡人材材盡致死二士守其城溝三障水以禦寇四大有沙炭之政

孔注任人盡其材則死力效致（當作效力致死）太有沙炭可以政適人也（政盧本改作攻又云適人即敵人也）

補注政盡人材材盡致死則用命者衆守在人也士兵卒也守其城毋予隳守其溝毋予塡守在國也障

水壅水也寇至則決以灌之守在邊也沙炭疑即塗

炭政征也行政四方救民塗炭守在四鄰也

六則一和衆二發鬱三明怨四轉怒五懼疑六因欲

孔注鬱謂穀帛滯積者也怒則轉之懼則疑之欲則

因之此文王所以逃紂也

補注六則俱指民説和衆則上下通發鬱則民氣暢

明怨則民不相讎轉怒則國無大獄疑謂不安若疑

則刑臣疑則亂民疑則散懼則務有以安之因欲從

民好也

九功一賓好在笥二淫巧破制三好危破事四任利敗功五神巫動衆六盡哀民匱七荒樂無別八無制破教九任謀生詐好去聲樂音洛舊本任謀生詐下有和集集以禁寔有盧莫送通具十二字盧文弨曰此十二字雖晚卜本盡刪之非也衡案此十二字上下絕無連屬亦全無文義卜本刪去未爲無見今從之

孔注在笥謂實幣於笥無節限也盡哀謂送終過制也無別亂同也任謀謂權變也不犯此則成功也

補注盧文弨曰案古功攻同此九功當爲九攻孔注似曲衡案盧說是賓好在笥吝而不予也淫巧破制作聰明以亂舊章也好危破事行險以徼幸也任利

敗功貪而償事也神巫動衆不務民義而近鬼也盡哀民匱厚葬破產也荒樂無別謂相習於奢則上下亡等也無制破教國無法度則民不從也任謀生詐不以忠信而以虛罔也

五典一言父典祭祭祀昭天百姓若敬二顯父登德德降爲則則信民寧盧文弨曰顯父二句又見本典解惠半農据以改此作德降爲信信則民寧案與法不合前和辭辭亦有德降爲則語蓋法制皆本於德法制信於民民是以寧患所改非也

孔注言祭祀見享受福民乃化則法信民心也

補注盧文弨曰言父顯父如書酒誥之稱圻父農父

宏父也父者尊之之辭此言父蓋宗伯之屬顯父司徒之官衛案上文在昔文考躬脩五典則五官皆般制也曲禮天子建天官先六太曰太宰太宗太史太祝太士太卜典司六典又曰天子之五官曰司徒司馬司空司士司寇典司五衆此五典蓋即典司六典典司五衆之謂言父指太宰是爲天官六太之一案虞廷龍爲納言說命夢帝賚予良弼其代予言猶之北斗在天爲喉舌之司也故太宰爲言父鐘鼎款識商器類載有言父癸彝言父爵典祭則賚玉九玉爵

之謂昭明也若順也言祭神則神享治民則民應也顯父見詩大雅韓奕傳顯父有顯德者也箋周之公卿也正義曰父者丈夫之稱以有顯德故稱父衡案此卽曲禮五官所謂司徒也酒誥謂之農父以其掌邦教故又謂之顯父登德與賢也德降爲則五教敷也則信民寧百姓安也

三正父登過過愼于武設備無盈

孔注使正舉事過於前無自滿

補注盧文弨曰正父司馬之官衡案正父見洛誥正

義正父謂武王蔡氏曰猶稱先正吳英經句說以正父爲冢宰俱誤案洛誥之正父當與此解正父同即曲禮五官所謂司寇也據嘗麥解有大正正刑書之命則正父斷爲司寇無疑其曰正父登過者盜欲使民無訟必先使民無過也過愼於武謂用刑之愼亦如用兵皆民命所關設備謂布憲令於邦國以警之無盈者惡不可長也蔡氏書傳以先正謂正父吳英引昔吾有先正闕之余又得數設一說命昔先正保衡先正謂伊尹一君牙乃惟由先正舊典時式先正謂君牙祖父一文侯之命亦惟先正克左右昭事厥辟先正謂唐叔

四機父登失修□□官（空方疑是厥庶二字）官無不敬五□□□□

制哀節用政治民懷（盧文弨曰所闕一父當司空之職）

孔注使制誅之士舉政之失其官（當云舉其官之失政）官無不敬矣懷猶歸之也

補注盧文弨曰機父師氏保氏之職衛案機父卽酒誥之圻父圻父與畿通亦卽小雅之祈父祈通作圻左傳叔孫穆叔賦圻父圻卽畿周禮大司馬職以九畿之籍施邦國之政故司馬亦謂之圻父此機父蓋卽曲禮五官之司馬也酒誥圻父薄違邪也薄違與

左傳桓二年塞違同此云登失亦此義也周禮大司馬以九伐正邦國故官無不敬制哀節用三句蓋司空之職則所闕一父誠如盧說

五典有常政乃重開開下舊有之守二字盧云二字衍衛案盧說是今删內則順意外則順敬內外不爽是曰明王

孔注重開言無爽也

補注官修厥職則政無漸匱故曰重開內則順意誠正之功外則順敬修齊之事

王拜曰允哉維予聞曰何鄉非懷懷人惟思思若不及禍

格無曰鄉音向
孔注格至
補注何鄉非懷言於文考敬人畏天之事無一不永
念也懷人惟思人卽指言父顯父正父機父思如恭
黙思道之思思若不及則左右無納誨之人矣故禍
至無曰
式皇儆哉余小子思繼厥常以昭文祖定武考之列嗚呼
予夙夜不寧
孔注式用皇大

謚法思繼展常繼序思不忘也昭文祖覲耿光也定
武考揚大烈也列與烈同

逸周書卷十二

晉孔晁注　　江都陳逢衡補注

作雒解第四十八

此敘武庚作亂本末及營洛邑之事篇中建管叔于東倂中旄父宇于東等語可以證周公居東之東是國邑而非東都也營洛實武王本意周公至是成之體國經野則有城郛郊甸縣都諸制而士農工賈亦關措注饗帝饗親則有丘兆南郊社壝太廟宗宮考宮路寢明堂諸制而建侯受土均列典章規模淵大

樹立宏達非惟奠王會之丕基兼以作西京之保鄣

矣

武王克殷乃立王子祿父俾守商祀

孔注封以鄭祭成湯鄭疑鄁字之誤

補注史記殷本紀封紂子武庚祿父以續殷祀衛世

家武王已克殷紂復以殷餘民封紂子武庚祿父比

諸侯以奉其先祀勿絕

建管叔于東建蔡叔霍叔于殷俾監殷臣

孔注東謂衛殷鄁鄘霍叔相祿父也

補注據此則可知使管叔監殷乃武王非周公也漢地理志周旣滅殷分其畿內爲三國詩國風邶鄘衛是也邶以封紂子武庚鄘管叔尹之衛蔡叔尹之以監殷民謂之三監鄭譜則謂武王以紂之京師封武庚三分其地置三監自紂城而北謂之邶南謂之鄘東謂之衛使管叔蔡叔霍叔尹而教之世紀亦云自殷都以東爲衛管叔監之殷都以南爲鄘蔡叔監之殷都以北爲邶霍叔監之是爲三監今据此解建管叔于東建蔡叔霍叔于殷後又云俾康叔宇于殷俾

中旄父宇于東又云三叔及殷東兩兩殷東對舉則東之爲地顯然另成一國不得闌入殷內也孔注東爲衛本鄭譜意當時武王以紂之京師封武庚京師卽朝歌邶在其北鄘在其南國小而逼故統謂之殷而其地已見東則地大而遠其形勝足以控制殷都蓋卽衛也其不曰衛而曰東者是時方命百弇以虎賁誓命伐衛告以馘俘勢尙不能合全衛而有之但得衛之東偏卽以管叔據其地而監殷此東之所由名也康誥曰肆汝小子封在玆東土定四年傳取於

相土之東都以供王之東蒐非其明證歟故監曰三監管蔡霍也國曰四國殷邶鄘衛也衛即東東即周公居東之東或謂東既爲管叔所據周公焉得出居于此不知管叔旣助武庚勢當入殷都合謀所謂管叔以殷畔也故周公得以乘虛而坐鎮其地矣慶恩曰按東者衛之間地名在大河之東泰濮之東郡也詩云我徂東山書云周公居東周書作雒云建管叔于東又曰三叔及殷東徐奄及熊盈以畧又云俾中旄父宇于東俾康叔宇于殷竹書紀年武庚以殷

叛周文公出居于東殷東對畢則非朝歌可知是時雒邑未建則非東都可知史稱衛遷於帝邱在東郡濮陽縣秦始皇拔衛東地置東郡衛元君乃徙野王則東爲東郡無疑矣其地在今東昌大名曹州三府界內

武王既歸乃歲十二月崩鎬肂于岐周

孔注乃謂乃後之歲也肂櫕塗

補注歸歸鎬京也乃歲克殷後之五歲也盧文弨曰惠云士喪禮掘肂見衽自天子至於士殯皆曰肂衛

案肂與殔通小爾雅埋柩謂之肂釋名喪制曰於西壁下塗之曰殯殯賓也假葬于道側曰肂肂繄也

周公立相天子三叔及殷東徐奄及熊盈以略相去聲

孔注立謂爲宰攝政也殷祿父徐戎奄謂殷之諸侯

補注案史記魯燕兩世家均有周公踐阼之文禮明堂文王世子及荀子儒效韓子難二淮南齊俗氾論韓詩外傳卷三卷七卷八諸書並有踐阼履石等語漢唐諸儒據以釋經並誤今據此解云周公立相天子立者立爲冢宰也孰立之成王立之也天子成王

也此與紀年成王元年命冢宰周文公總百官一語均足破千古不解之惑殷武庚所封東管叔所建也三叔舉其人殷東舉其地其不曰殷東徐奄及三叔而曰三叔及殷東徐奄者罪三叔也三叔爲王室懿親三叔不畔則殷東徐奄不敢狡焉思啟故以三叔爲禍首也徐徐州之戎奄紂之黨皆東方國近魯者故費誓云徂茲淮夷徐戎並興紀年亦云奄人徐人及淮夷人於鄁以叛也徐奄舉其國熊盈舉其姓徐奄之爲國二熊盈之爲國十有七蓋殷東之叛則三

叔婦之熊盈之叛則徐奄因之一首事一從亂也畧謂强攻邊界以自防守而兼有殺略刼略之事汪中謂略疑當作畔非也金履祥曰武庚挾殷畿之頑民而三監又各挾其國之衆東至於奄南及于淮夷徐戎自秦漢之世言之所謂山東大抵皆反者也

周公召公內弭父兄外撫諸侯元年夏六月葬武王于畢

孔注弭安畢地名

補注據此則知召公無疑周公之心內弭父兄厚同姓也外撫諸侯懷異姓也天子七月而葬故在成王

元年六月一統志武王陵在咸陽縣北十五里文王
陵在南武王陵在北案皇覽云文王武王周公冢皆
在京兆長安鎬聚東杜中括地志云文王武王墓在
萬年縣西南二十八里畢原上顏師古劉向傳注則
曰畢原在長安西北四十里寰宇記長安志皆云二
陵在咸陽縣北十五里以史記周本紀贊證之當從
皇覽括地志在今咸寧縣西北爲是今咸寧西南遺
蹟無可考而文武成康四陵及歷代碑碣皆在咸陽
衡案紀年葬武王於畢在武庚徐奄未叛前作雒先

言三叔及殷東徐奄熊盈以畧後言葬畢者蓋諸國初萌叛迹于前直至武王葬後始連衛以起故紀年書叛而逸書言略

一年又作師旅臨衛政殷殷大震潰

孔注下叛其上曰潰

補注前此牧野之戰一用師旅今復用以定武庚之亂故曰又作衛即東地爲管叔所據故臨衛政殷一時並舉使彼首尾不能相顧故殷大震潰蓋衛爲商家強國先是百弇以虎賁誓命伐衛告以馘俘旋以

管叔按據其地與武庚連衡而起至是殷滅而衡亦遂下矣或曰臨衡當作臨衝詩所謂臨衝閑閑臨衝茀茀是也臨臨車衝衝車臨車一曰樓車衝車一曰陷陣車先是文王用以伐崇故至是矣詠之至此則又用以伐殷故曰又作亦通

降辟三叔王子祿父北奔管叔經而卒乃囚蔡叔于郭淩通鑑外紀成王三年注引周書作洛解管叔霍叔縊而卒囚蔡叔于郭鄰衡案霍叔二字添設金履祥前編同並誤

孔注郭淩地名囚拘也

補注降辟致法也北北奔敗北也史記管世家殺武庚

紀年亦云殺武庚祿父此但云北奔者哀其受管叔
之愚而不忍言殺也經自縊也書蔡仲之命乃致辟
管叔于商致辟猶降辟也史記周本紀魯世家並言
誅管叔管蔡世家宋世家並言殺管叔又淮南齊俗
泰族並言誅管叔荀子儒效說苑指武並云殺管叔
此獨言經而卒卽文王世子所云公族有死罪則磬
於甸人是也周禮甸師亦云凡王之公族有罪則死
刑焉蓋致辟非必定是身首異處以議親之辟論則
作雒管叔經而卒可據徐文靖管城碩記謂天問伯

林雉經是管叔於伯林之地自經而死其說無據郭
淩書蔡仲之命作郭鄰惠氏禮說曰周書囚蔡叔於
郭鄰幽之也叔卒仍立其子仲於蔡則郭鄰乃空墠
之地名明在蔡之境內矣衛案周禮六遂五家爲鄰
左傳定四年蔡蔡叔以車七乘徒七十人是蓋予以
五家五百畝之入以養此七十人故謂之鄰以其附
近城郭仍在蔡境內故謂之郭鄰惠氏謂亦不離其
國內是也

凡所征熊盈族十有七國俘維九邑

孔注俘囚爲奴十七國之九邑罪重故囚之

補注凡所征統謂徐奄淮夷蒲姑商奄等國也俘維九邑則盡執拘以歸於周矣路史國名紀高陽氏後有濮羅夔諸國俱熊姓又少昊嬴姓國有盈嬴之枝一作鄒姓也或云即嬴者非

俘殷獻民遷于九畢楊本畢作里通鑑前編亦作里並誤

孔注獻民士大夫也九畢成周之地近王化也

補注傳稱遷頑民於洛邑盖遷於東此云遷獻民於九畢乃遷於西如漢世遷豪傑實關中之類畢即畢

原在今陝西西安府長安咸寧二縣西南水經注引三秦記曰長安城北有平原廣數百里即此九畢也元和志畢原即咸陽縣所理也原南北數十里東西二三百里無山川陂湖亦謂之畢陌一統志曰秦畢原緜亘渭之南北其境甚廣以今考之在萬年縣西南者即文武周公所葬在長安咸陽西北者乃畢公高所封據此則地之廣濶可知故謂之九畢孔疏是成周之地誤矣此與遷六族於魯七族於衛是一時事恐其勢衆故竝遷之

俾康叔宇于殷俾中旄父宇于東（中音仲）

孔注康叔代霍叔中旄代管叔

補注案康叔于武王時已封特不與監殷之命故不在三監內至是殷亂已定故以全衛之地封之而有宇殷之命蓋兹邶鄘而亦尹之也定四年傳自武父以南及圃田之北境取於有閻之土以共王職取於相土之東都以會王之東蒐聃季授土陶叔授民命以康誥而封於殷虛即此時也中旄父疑是毛叔鄭故與康叔並封一同母弟一異母弟蓋當家亂之後

故擇賢而代也東即管叔所建之地困學紀聞云殷地在周之東故曰東征邶鄘衛皆東也康誥曰在兹東土中旄父共邶鄘之一與衛案此說甚混周書作雒兩兩殷東對舉則東與邶鄘自各不相涉汪中曰逸周書凡三言東不知爲何地證以車攻傳乃知即是東都衛案此蓋以車攻駕言徂東傳爲證然詩傳以洛邑訓東自是駕言徂東切解以宣王實由西周鎬京至東都也至逸周書三言東當與周公居東叅看地與邶鄘不遠與在魯衛之間乎故康誥有在兹

東土之交而魯頌亦有俾侯於東之語

周公敬念于後曰予畏同室克追俾中天下前編同作周追作延俱誤

盧文弨曰謝云同室克追當是同室克造之訛注追畏尊王之語殊不明衛密當讀予畏同室爲句克追二字又句

孔注成王二年秋迎周公三年春歸也周公追畏尊王也追畏尊王當是追思前王之謨

補注敬念於後爲周謀遠大之基同室指管蔡霍卽大誥所謂亦惟在王宮邦君室也克追謂追武王營洛之事俾中天下正武王度邑之意

及將致政乃作大邑成周于土中水經洛水注引作中土

孔注王城也於天下土爲中

補注盧文弨曰沈云自郛以內統稱成周不專指王城衡案前後營洛本末俱見竹書紀年大邑洛邑也謂之王城故曰大邑成周東都也諸侯來會之所此兼言洛邑東都故云作大邑成周於土中洛誥曰我乃卜澗水東瀍水西惟洛食此大邑也又曰我又卜瀍水東亦惟洛食此成周也周至大會諸侯於東都而王業成故曰成周於土中者書召誥曰王來紹上帝自服於土中注洛邑天地之中故謂之土中孝經

援神契曰八方之廣周洛爲中謂之洛邑漢書地理志周公營洛邑以爲在土中諸侯蕃屏故立京師蓋以此地居天下之中四方入貢道里均故卒營築居九鼎焉

城方千七百二十丈郛方七十里盧文弨曰水經注城方七百二十丈脫一千字沇改七爲六不知何據郛方七十里宋本作七十二里前編作十七里訛南繫于洛水北因于郟山以爲天下之大湊

孔注郛郭也繫因皆連接也湊會也

補注案左傳都城不過百雉方丈曰堵三堵曰雉一

雉之牆長三丈高一丈侯伯之城方五里徑三百雉則城方九百丈此侯國之制故其大都不得過百雉茲云城方千七百二十丈則王城之制以三丈一雉計之蓋周五百七十三雉以一雉五步計之則有二千八百六十五步以三百步爲里計之則城方九里有奇此與匠人營國方九里合郛郭也外城曰郭以孟子三里之城七里之郭計之郛特倍大於城今以九里之城爲郭當不過二十里若依宋本作七十二里則郭大於城八倍似不足據俗本作郭方七百里

更屬謬譌惟前編作十七里差可信今姑從盧本以

俟博雅者定之南繫於洛水者據庾邑解云自洛汭

延於伊汭水北曰汭故曰南繫猶所謂衣帶水也郟

山北芒山也在今河南府北十里王孫滿所謂成王

定鼎於郟鄏是也京相璠曰郟山名鄏邑名盖郟山

在洛邑之北境而依以爲城故曰北因湊水上人所

會也

制郊甸方六百里國西土爲方千里

孔注西土岐周通爲圻內

補注周語規方千里以爲甸服王制千里之内曰甸
葢統言王畿之地總謂之甸也陳氏禮書謂天子寰
内面五百里百里爲郊二百里爲邦甸三百里爲邦
削四百爲邦縣五百里爲邦都合兩面言之共得千
里甸服之制水經洛水注洛陽周公所營洛邑也故
洛誥曰我卜瀍水東亦惟洛食其城方七百二十丈
南繫於洛水北因於郟山以爲天下之湊方六百里
因西方八百爲千里築自其城方七百二十丈以下
俱本逸周書故漢書地里志有西周方八百里東周

方六百里之說施彥士曰東都六百里以六六乘之得三百六十里西周方八百里以八八乘之得六百四十里合東西周計之恰是一千里孟子所謂不千里不足以朝諸侯也

分以百縣縣有四郡郡有四鄙大縣立城方王城三之一小縣立城方王城九之一（說文六篇引周制天子城方千里爲百縣縣有四郡本此高誘淮南時則注周制天子地方千里分爲百縣縣有四郡又呂氏季夏紀注周制天子畿內方千里分爲百縣縣有四郡郡有鄙又季冬紀注亦云俱本此）

孔注三分九分居其一

補注據此則郡縣之名蓋自周初有之古者縣大於郡故左哀二年傳云上大夫受縣下大夫受郡此云分以百縣縣有四郡亦縣大於郡之證若小司徒四甸爲縣縣方十六里在六遂之地與此不同此分以百縣蓋指畿內封國言據王制天子之縣內方百里之國九七十里之國二十有一五十里之國六十有三凡九十三國此云百縣者舉成數也縣有四郡郡有四鄙蓋以一縣之地分爲四郡統歸於縣領之以一郡之地分爲四鄙統歸於郡領之大縣立城即王

制所謂方百里之國九也方王城三之一則爲國方
三里小縣立城即王制所謂五十里之國六十有三
也方王城九之一則爲國方一里案左傳隱元年祭
仲曰先王之制大都不過參國之一中五之一小九
之一今作維不言五之一者舉小大以例乎中也

都鄙不過百室以便野事

孔注耕桑之事

補注陳氏禮書曰先王之建都鄙以處子弟公卿大
夫大者百里其次七十里其下五十里而其外有封

疆溝樹之固其內有城郭朝市宗廟社稷之別使之朝夕涖事王朝而退食於家其家不出王城而都鄙乃在三百里以至五百里之內此猶民之廛里在國而授田在鄉也衡案百里曰郊二百里曰甸此六鄉六遂之地其賦入俱以供王朝之用故於三百里以至五百里立都鄙以爲王子弟卿大夫之采邑陳氏謂大者百里其次七十里其下五十里此乃畿內諸侯建國里數若食采當降如附庸三十里二十里十五里似不得有百里七十里五十里故作雜云不過

百室所以別於千室諸侯之國邑也白虎通曰一夫一婦成一室百室則百夫矣百夫則有萬畝之耕而於其中約去廬舍道路溝洫十之二則所謂大夫受田八百上士受田四百中士受田二百下士受田百畝者胥於是乎出故曰以便野事則分田制產世食其德矣惠氏九經古義曰良耜云以開百室周書作維都鄙不過百室以便野事都鄙謂采地井田六鄉則一族六遂則一酇皆百室也周禮百室之制都鄙與鄉遂同也

農居鄙得以庶上士居國家得以諸公大夫

孔注居治也治鄙以農治國家以大夫

補注盧文弨曰農之秀者可爲士士有功效可爲大夫趙云以川也衡案以者能左右之謂也農力於野而士食其祿則士有代耕之助矣故曰農居鄙得以庶上士效其材而諸公大夫收其用則諸公大夫有臂指之助矣故曰士居國家得以諸公大夫居在也

凡工賈胥市臣僕州里俾無交爲

孔注工商百胥人臣僕各異州里而居不相雜交也

胥相也盧文弨曰舊作待也疑此三字後人竄入

補注此戒小民不可踰分上交身任職役者不可交通受賄而卿大夫退休於家者亦不可不廉隅自持也工百工以藝食者居貨曰賈出貲以收利者此小民也胥即周官府史胥徒之胥如所謂胥執鞭度守門是也市即司市之官臣僕臣妾也周官曰臣妾聚斂疏材左傳曰僚臣僕僕臣臺此身任職役者也州里見周官司常州是鄉之官里與縣鄙是遂之官與書酒誥所謂越百姓里居者近是蓋鄉大夫鄉先生

之屬孔謂各異州里而居誤矣俾無交爲則托業者安其業司事者敬其事養望者高其望而君子小人兩無出位之僭矣

乃設丘兆於南郊以祀上帝配以后稷

孔注設築壇城內郊南郭也臧清川按內字疑誤

補注設丘兆於南郊祭感生帝郊特牲兆於南郊掃地而祭是也上帝據禮器注周所郊祀之帝謂蒼帝靈威仰此正月之祭月令祈穀於上帝即此南郊以后稷配故孝經曰郊祀后稷以配天

日月星辰先王皆與食與去聲盧文弨曰日月星辰御覽作農星衡案藝文類聚亦作農星何氏詩經世本古義絲衣篇秦氏五禮通考並引作日月農星

孔注先王后稷謂郊時

補注日月星辰天宗也周官大宗伯以實柴祀日月星辰小宗伯兆五帝於四郊四類亦如之鄭注四類日月星辰肆師立亥祀鄭司農曰亥祀日月星辰孔注先王后稷蓋台顓叔均之類趙曦明曰此注非后稷已配上帝此先王當自太王而下盧文弨曰疑此先王當如月令之五帝衡案孔以后稷注先王不誤

特所謂后稷者蓋如國語我先王世后稷之義不指棄言所謂先裔是也據史記周本紀弃之後世爲稷官皆有功德於民故配食以報之國語所謂辰以成善后稷是相是也趙氏盧氏之說均不合

封人社壝諸侯受命於周乃建大社於國中

孔注受封也

補注周官封人掌設王之社壝凡封國設其社稷之壝注壝謂壇及堳埒也諸侯受命於周封國也大社冢土也祭法王爲羣姓立社曰大社禮運祀社於國

此建於國中之證

其壝東青土南赤土西白土北驪土中央疊以黃土將建諸侯鑿取其方一面之土爇以黃土苴以白茅以爲土封故曰受則土于周室盧文弨曰疊亦作釁見公羊疏爇從倒切則土盧本從御覽作列土

孔注其方謂建東方諸侯以青土也爇覆茅苴褁土封之爲社也

補注白虎通引春秋傳曰天子有大社焉東方青色南方赤色西方白色北方黑色上冒以黃土故將封東方諸侯青土苴以白茅謹敬潔清也韓詩外傳天

子社廣五丈東方青南方赤西方白北方黑上冒以黃土將封諸侯各取其方色土苴以白茅以爲社明有土敬謹潔清也則土惠氏禮說曰九儀之命五命賜則則者則土也茅土謂之則土見周書作雒篇子男出封賜則則土也漢書敘坤作地埶高下九則故曰則土又問亦云地方九則則或作列不知者以意改之耳衡案則土者公侯百里伯七十里子男五十里附庸字者三十里名者二十里人者十五里均有一定之制是謂則土

乃位五宮太廟宗宮考宮路寢明堂位隋書牛宏傳作立盧文弨曰古立位二字本通用

孔注五宮宮府寺也太廟后稷廟二宮祖考廟考廟也路寢王所居也明堂在國南者也盧文弨曰五宮疑當作五官注當是本作五官官府寺也今皆訛官爲宮如以太廟等五者當五宮非也衛案五宮作五官非是孔注云宮府寺也有譌誤不可據

補注上文作大邑成周於土中是建國設丘兆於南郊是郊建大社於國中是社此一條自是左祖廟之制爾雅宮謂之室室謂之宮五宮即指下五項禮君

子將營宮室宗廟爲先故首立太廟以祀后稷宗宮
文王廟謂之宗者宗祀文王之義也考廟武王廟路
寢大寢也爾雅室有東西廂曰廟無東西廂有室曰
寢路寢聽政之所爲周六寢之一明堂之制見攷工
匠人及大戴禮蓋昉黃帝合宮爲之其見於傳記者
則有鎬京之明堂有泰山之明堂此則洛邑之明堂
也蓋朝諸侯及四夷之所
咸有四阿反坫重亢重郎常累復格藻棁設移旅楹舂常
畫旅重平聲

孔注咸皆也宮廟四下曰阿反坫外向室也重亢累棟也重郎累屋也常累系也復格累之欂也藻梲畫梁柱也承屋曰移旅列也舂常謂藻井之飾言皆畫列柱爲文也之欂盧本作芝欂廣雅疏證亦引作芝欂唯惠氏禮說引同待本今仍从舊

補注周禮攷工注周制明堂太廟路寢同制故曰咸有宋文帝大明五年有司奏周書云清廟明堂路寢同制玄注禮義生於斯阿棟也四阿四棟之屋也上有複屋始用四阿故攷工記云殷人重屋四阿反坫堂隅外向室其制如屏墻故說文云坫屏也全祖望

經史問荅云屏墻之坫亦曰反坫郊特牲所云臺門旅樹反坫是也是乃以外向爲反黄東發曰如今世院司臺門內立墻之例蓋反坫與出尊相連是反爵反坫與臺門旅樹相連是屏墻之反向於外者衡案廣雅釋宮反坫謂之垿垿與序通序古文作阼亦謂墻也爾雅垝謂之坫郭注坫墻也或曰此反坫與四阿相連而斂於承亢重郎之上蓋複屋四隅之屋角因其卷上而外向故謂之反坫文選班固西都賦上反宇以蓋戴張衡西京賦反宇業業飛檐巘巘何晏景福

殿賦飛閣翼以軒翥反宇巘以高驤反宇卽反坫也

此說頗通案漢書文帝紀阽於死亡下註服虔曰阽音反坫之坫孟康曰阽音屋檐之檐師古曰服孟二音竝通衡案此坫字疑亦有檐音亢高貌重亢謂於四阿之上復累以阿重郎則明堂位所云復廟重檐也一曰太室屋五行志前堂曰太廟中央曰太室屋其上重者也服虔曰太室太廟太室之上屋也左傳春秋文公十三年太室屋壞疏云太廟之制其檐四阿而下室當其中又拔出爲重屋而於其上下承接處止立以撥而四旁無壁故又謂之通天屋盖堂下周屋謂之

廓而此屋重檐四起亦周於殿屋阿棟之上故曰重郎景福殿賦雙枚既修重桴乃飾注雙枚屋內重檐也重桴重棟也在內謂之雙枚在外謂之重桴衡案後世宮殿之式多倣此制爲之常累疑作學恩以形近而訛或曰累謂層累蓋即周於重屋上下承接處者說苑宮室臺閣連屬增累是其義也復格或謂即復笮爾雅屋上薄謂之筄筄即笮也廣雅格謂之笮惠氏禮說謂殷人重屋注複笮笮讀爲格蓋復格也邵晉涵爾雅正義亦云屋皆有笮其用諸重屋則用

複笮二説俱引周書爲証又王氏廣雅疏證謂周書本是複格格笮一聲之轉今本周書譌作格衡案孔注復格累之櫺也櫺交疏也則復格疑是累系處横牕王逸魯靈光殿賦所謂懸楝結阿天窗綺疏是也藻梲梁上短柱也梲與棳通禮明堂位注藻梲侏儒柱畫之爲藻文設移移簃也爾雅連謂之簃郭注堂樓閣邊小屋今呼之簃廚連觀也案廣韻樋簃也樋卽連移者連接之謂臺相連曰誃臺門相連曰誃門榭相連曰連閣是則與屋相連接者總可謂之移旅

衆也楹柱也詩商頌旅楹有閑春常孔氏謂藻井之
飾埤雅屋上覆橑謂之藻井亦或謂之罳頂衡桊飾
今之仰塵一曰承塵葢以象罳之式制爲仰板故曰
罳頂罔其采畫成文故又謂之藻井旅通作梠釋名
旅梠也連旅之也又曰梠謂之櫋緜聯榱頭使齊平
也方言梠謂之樀注雀梠卽屋檐也亦呼爲連緜爾
雅檐謂之樀注屋梠邢叔明曰屋梠又名宇衡桊畫
旅蓋謂布采於屋檐以狀觀飾孔以晝列柱爲解似
指上文旅楹失之

內階玄階堤唐山廧盧文弨曰玄階前編作玄陛堤唐陶山集作提唐

孔注以黑色爲階唐中庭道堤謂高爲之也山廧謂廧畫山雲

補注凌曙曰內與納通玉篇陛天子階也王莽傳朱戶納陛注孟康曰納內也謂鑿殿基際爲陛不使露也師古曰尊者不欲露而升陛故內之於霤也說文階陛也陛升高階也二字轉相訓註知內階與外陛同也衡案元階以黑石爲之爾雅廟中路謂之唐詩曰中唐有甓攷工記堂涂十有二分鄭注謂階前若今

令辟械也分其督旁之脩以一分為峻也疏云漢時名堂涂為令甓械令甓則今之塼也械則塼道也中央為督督者所以督率兩旁脩謂兩旁上下之尺數假令兩旁上下尺二寸則取一寸於中央為峻峻者取水兩向流去故也衡嵏提唐卽中央為督之謂隮垣也爾雅牆謂之墉山隮狀其高也

應門庫臺玄闕

孔注門者皆有臺於庫門見之從可知也又以黑石為門限也

補注應門爾雅謂之正門蓋發政以應物故謂之應門而前於路門故又謂之南門一曰法門見穀梁謂法令所出入也攷工記注謂之朝門戴東原謂應門是天子之中門衡案庫臺者謂於庫門兩旁積土如臺門之制故曰庫臺或曰庫卽五庫蓋築臺以貯五庫之物亦通閫卽閾門限也亦作梱說文梱門橜也

皇門解第四十九

困學紀聞梓材曰以厥庶民暨厥臣達大家周封建諸侯與大家巨室共守之以爲社稷之鎭九兩所謂

宗以族得民公劉之雅所謂君之宗之此封建之根本也魯之封有六族焉衛之封有七族焉唐之封有九宗五正焉所以係人心維國勢不特諸侯爲然周公作皇門之書曰維其有大門宗子茂揚肅德勤王國王家乃方求論擇元聖武夫羞於王所咸獻言助王恭明祀敷明刑用能承天嘏命先人神祇報職用休俾嗣在厥家萬子孫用末被先王之靈光然則王室之不壞繄大門宗子是賴自封建之法廢國如木之無根其亡也忽焉衛業此篇益爲流言初起而發

前段言大門宗子勢臣後段言家相厭室皆瞻指管叔及羣弟

維正月庚午周公格左閎門會羣門

孔注格至也路寢左門曰皇門閎音皇也

補注施彥士曰中元五十九章第十二歲減一歲置平朔一百三十二閏朔四共一百三十六朔以策乘之得四千○一六一六○○三八七二爲中積加朔應三十一日四六九三八○八四除旬周餘二七日六四九四一九五六爲子月經朔分大餘辛卯加一

朔爲丑月經朔大餘辛酉庚午爲月之十日按本年閏四月豈是時置閏在歲前而差一月耶統箋以庚午爲正月二日蓋本漢志也金旺欣曰據竹書紀年成王元年丁酉距康熙甲子元積年二千七百二十七以今法推之子月辛卯朔無庚午丑月辛酉朔初十日庚午寅月庚寅朔亦無庚午據通鑑前編成王元年丙戌距康熙甲子元積年二千七百九十八以今法推之子月癸巳朔無庚午丑月癸亥朔初八日庚午寅月壬辰朔無庚午據漢書律秝志成王元年

正月己巳朔此命伯禽俾侯于魯之歲也凡伯禽至春秋三百八十六年則成王元年癸巳距康熙甲子元積年二千七百九十一以今法推之子月癸未朔無庚午丑月癸丑朔十八日庚午寅月壬午朔無庚午與三統法正月己巳朔亦不合據三書積年以時憲法推之無論正月爲建子建寅皆無庚午日是積年皆非實數非同春秋朔閏信而有徵可以一步算而即得也注逸書者惟有據漢志以庚午爲正月二日之証而已盧文弨曰羣門族姓也篇中曰宗子曰

私子皆爲大家世族而言此誥在成王元年見竹書

衡棻公盍欲弭流言於初起之時大合羣門以誥之

故特言會

曰嗚呼下邑小國克有耇老據屏位建沈人罔不用明刑

孔注耇老賢人也又建立沈伏之賢人無不用明法

補注下邑小國諸友邦冢君也暗指殷東邶鄘諸國

屏位如玉藻所謂某屏之臣是也或曰屏攝之位言

能承祀也沈人屈於下者建謂建立罔不用明刑刑

典型也

維其開告于予嘉德之說

孔注言下邑所行而我法之是開告我於善德之說

補注開告啟迪也嘉德美善之德說謂言說予周公自謂

命我辟王小至于大我聞在昔有國誓王之不綏于卹

孔注小至於大者小大邦君也卹憂言思治也

補注辟王指成王小至於大小大之言皆旋告也在昔有國誓王古我夏先后與殷先哲王也不綏不安也於卹多憂卹也

乃維其有大門宗子勢臣罔不茂揚肅德訖亦有孚以助厥辟勤王國王家

孔注大門宗子適長勢臣顯仕茂勉肅敬訖既也孚信也

補注大門猶梓材所云大家宗子公族公姓也周禮小宗伯其正室皆謂之門子鄭康成曰門子將代父當門者也勢臣秉國有權勢者也大門宗子勢臣即暗指三叔茂揚肅德則不至讒賊媢嫉矣故能助厥君以勤勞王國也

乃方求論擇元聖武夫羞於王所

孔注方旁羞進

補注方求徧求也論擇愼選也書曰聿求元聖詩曰赳赳武夫元聖以資論道武夫以備腹心羞於王所貢士之典也

其善臣以至於有分私子苟克有常罔不允通咸獻言在於王所

孔注私子庶孽也常謂常德言皆信通於義以益王也於義二字添設

補注普臣猶盡臣也分分土也有分私子謂有采邑之庶孽王藻公子曰臣孽罔不允通則咸有獻言之責意是時流言方煽周之支庶必有交通三叔者故並及有分私子責以有常也金縢曰管叔及其羣弟其不專指蔡霍可知

人斯是助王恭明祀敷明刑

孔注言善人君子皆順是助法王也

補注恭明祀則天祖格敷明刑則億兆安人即指元聖武夫

王用有監明憲朕命用克和有成用能承天嘏命
孔注監視明此事法故能成天命王天下也
補注王用有監明憲朕命惟聖時憲惟臣欽若也克
和有成則有交脩之贊承天嘏命則有多福之中
百姓兆民用罔不茂在王庭
孔注勉在王庭獻言於王所也
補注天子曰兆民衆流言之來國人亦必聞知故此
語兼及百姓兆民況庶人亦有傳語之責用罔不茂
在王庭則流言雖起必不信也

先用有勸永有口于上下空方疑是格字

孔注上謂天下謂地也

補注先用有勸指大門宗子勢臣上謂天下謂民

人斯既助厥勤勞王家

孔注助君也謂大門衆子也

先人神祇報職用休俾嗣在厥家盧文弨曰困學紀聞引作俾嗣在王家蓋嗣先人勤勞於王家也趙云嗣厥家謂世有令聞保其宗廟亦通

孔注先人及天地報之上用美紹家

補注報如國語殷人報焉周人報焉之報紀年報祀

上甲微皆謂祭也報職用休者謂報以其職如食於水食於火食於社稷之類以用昭其休美也嗣在厥家子孫繩繩萬年靡不承也

王國用寧小人用格口能稼穡空圍疑是用字咸祀天神戎兵克慎軍用克多

孔注神佑之故

補注用寧用格妥上全下也克慎克多有備無患也

王用奄有四鄰遠土句鍾本及潘氏古逸俱以遠上丕承四字斷句誤丕承萬子孫用末被先王之靈光

孔注奄同丕大末終

補注奄有四鄰遠土謂有天下用末被先王之靈光謂終受其福也此在昔有國哲王因大門宗子勢臣茂揚肅德故有此休美也

至於厥後嗣弗見先王之明刑維時及胥學於非夷八字句鍾本維時及胥句誤盧文弨曰及程本吳本訛作反今從元本趙疑是反字衡案及字疑作乃

孔注時有胥相爲是相學於非常也

補注厥後嗣夏商季世學習也非夷即匪彝

以家相厥室弗卹王國王家維德是用十字句相去聲

孔注言勢人以大夫私家不憂王家之用德

補注家相厥室猶上文大門宗子勢臣此與罔不茂揚肅德緊對言有勤王國王家之大門宗子則晉王以與有弗鄭王國王家之家相厥室則後嗣以敗

以昏求臣作威不詳不屑惠聽句無辜之亂辭是羞于王

孔注詳善也不察無罪以惡民句言進不順之辭於王之字盧本脫從楊慎本補進順二字舊互倒今更正盧文弨曰詳本或作祥義並同不屑疑不肎之譌亂辭辭有理者也言不肯順察無罪有理之辭以進於王也舊本誤分兩段以注詳善也至以惡民又添一也字注無辜之亂下脫七字爲辭是羞於王之注趙疑言順不進辭於王或是言進不順辭於王文

留按進不順之言在下文始見此非也注中惡字烏路反惡民言順謂惡民之理直故不肯上聞耳今審文義改併衡案孔注本明白不察無罪以惡民是注作威不詳言進不順之辭於王是注無辜之亂辭虛以惡民言順爲句失之

補注言家相厥宅既兆維德是用故以昏求臣昏亂也昧於人之賢否而不察故曰昏也洪範曰臣無有作福作威玉食臣之有作福作威玉食其害于而家凶于而國人用則頗僻民用僭忒故曰作威不詳詳祥通不祥卽所謂害于家凶于國也惠順也不肎惠聽者恃寵而傲不聽老成金石之論而因以無辜之

亂辭是蓋於王羞進也王卽暗指成王無辜之亂辭卽所謂無稽之言辜必也無辜猶無據也此實指流言故曰亂辭辜字不必作罪字解

王皐艮乃惟不順之言于是人斯乃非維直以應維作誣以對俾無依無助

孔注皐大艮善也王求善而是人作誣以對故王無依助也

補注皐盛也艮易直也不順之言卽無辜之亂辭出於口而逆於耳者也是人指家相厥室乃非維直以

應則必作誣以對矣誣欺罔也以無爲有也誣則不直不直則讒賊媢嫉勢必至小人進君子退而君爲孤注矣故無依無助衆周公去則成王無輔此三叔之本計也

譬若畎犬驕用逐禽其猶不克有獲

孔注驕謂不習也言□人之無得猶驕犬逐禽不能獲（空方疑作是字）

補注言畋犬用以逐禽必馴擾而後有獲若驕其狂噬必至喪家而不恤此譬之用人當謹御下之道否

則敗乃公事矣

是人斯乃讒賊媢嫉以不利于厥家國

孔注言賊仁賢忌媢嫉妒以不利其君

補注讒賊媢嫉則方正不容故不利於厥家國案金縢武王既喪管叔及其羣弟乃流言於國曰公將不利於孺子虛聲以動王左右也此云讒賊媢嫉以不利於厥家國明正其罪以曉之也

譬若匹夫之有婚妻曰予獨服在寢以自露厥家

孔注寢室也言自露於家言謂美好喻皆臣也戴禱曰下

言字似衍衡棨
下言字當作向

補注婚通作昏闇也昏妻無益於厥夫猶昏臣無益於王國故獨服在寢亦若王之無依助而自露厥家矣露敗也李兆洛曰獨服在寢言專妬也仰下文食葢善夫莫通於王之比

婿夫有邇無遠句潘氏古逸以婿夫有邇無遠乃食斷句誤乃食葢善夫句御莫通在于王所

孔注食爲野口婿夫見近利而無遠慮利爲掩蓋善夫使莫通盧文弨曰野字誤

補注媚夫佞幸之臣猶泰風所謂媚子荀子臣道所謂態臣有邇無遠徒知有身而不知有國家也譖夫即譖臣食蓋掩蔽貌淮南所謂日月欲明而浮雲蓋之也盧文弨曰食猶日月之食亦掩蔽之意衡案媚夫與狂夫相爲表裏此三叔所用以導言於王者也

乃維有泰狂夫是陽是繩是以爲上是授司事于正長長上聲

孔注言陽與狂夫以爲上人口爲官長正主其事也

補注狂夫與媚夫相類詩所謂狂夫瞿瞿也陽通作

揚繼舉也言媚夫既食盜善夫故尊奉狂夫而顯揚之稱美之更優崇其勢而授以正長之官則舉小敗國雖有善者亦無如之何矣

命用迷亂獄用無成小民率穡

孔注命者教也率皆痡愁困也

補注政出多門故迷亂獄以賄行故無成穡斂也斂以秋有險慘之象故孔以痡愁困訓穡也

保用無用壽亡以嗣天用弗保

孔注安民之用無所宜施是故民失其性天所不安

用非其人故也
補注言民既弗保則必至夭亡不能畢其壽筭矣高
宗肜日所謂非天夭民民中絕命也此狂夫媢夫殃
壽所致故天用弗保而亦降之禍
媢夫先受殄罰國亦不寧嗚呼敬哉監於茲朕維其及
孔注殄絕其世罰及其人也
補注言媢夫退賢進不肖必先受顯戮而次及於國
家敬儆也監視也盧文弨曰朕維其及葢言害將及
我也衛案上言先哲王因大門宗子勢臣之方求論

揆尚王國用寧至於厥後嗣因家相厥室之以昏求臣而天用弗保故我不可不監於兹也朕維其及朕周公自謂慮家相厥室之不利家國而禍因及已也

朕藎臣大明爾德以助予一人憂大舊訛夫

孔注藎進也言我進用之臣大明爾德助我憂天下者大明爾德舊作夫明明之德訛

補注此周公呼藎臣而欲其助已也藎臣忠藎之臣暗指藎撤畢榮大明爾德則不爲流言所動予一人周公自謂憂謂憂王室之不靖也

無維乃身之暴皆鄙爾假子德憲貣告子元盧文弨曰皆疑當作是

孔注假借貣用也借我德法用告我大德之所行也

補注乃汝也此乃望家相厥室改茲更張故曰無維乃身之暴言無用爲此讒賊媢嫉以自暴乃身也鄙愛鄙也皆鄙爾者言我於家國之外亦併憂及汝身當思有以保全之此則欲寛以法外而誘之於善也憲法也假子德憲則善夫進元善也貣告子元則善言通

譬若衆畋常扶子險乃而予于濟

孔注如衆令收獄相扶持也濟遂也

補注譬若衆畋則一乃心力扶于險故能出艱屯而有濟盧文弨曰而古與能同

汝無作盧文弨曰趙云似有缺文

補注汝指卽大門宗子勢臣與家相厥室瞻謂三叔作造也謂造流言以傾國無作戒之之辭

大戒解第五十

此成王訪於周公公致以體羣臣之事務在尊其位盡其志庶人才爲我用也後篇九備雖脫落不全而

篇名大戒實取義於此此篇亦當在作雒前

維正月既生魄王訪于周公曰嗚呼朕聞維時兆厥工非不顯朕實不明盧文弨曰說文引周書朕實不明以俒伯父俒完也胡困切今此書無下句說文所釋亦難曉

孔注兆始工官言政治維是始正其官

補注言百司庶府俱有顯績朕實不明無以備任之也

維士非不務而不得助大則驕小則懾懾謀不極

孔注言務求士而不得助如此之難極中也

補注言我非不以求士爲務而不能得其助權大則驕位小則懾懾則不敢爲我謀雖謀亦不得其中也何助之有

予重位與輕服非其得福厚用遺其舊作共今改正

孔注言言舊訛重所重在於重位輕重所立非大德而厚福用之是求益之言也大舊訛作夫

補注趙曦明曰似言授之位與服誠冀助我而其得其福耳非然者胡爲厚遺之若此乎衡案予重位與輕服者謂斟酌官爵大小而任之服如服官政之服

福祿也非其得福位不當也厚用遺則絀而退之耳
庸止生郄盧文弨曰郄正字作郤庸行信貳衆輯葺政不輯自匿嗚
呼予夙夜勤之無或告余非不念念不知
孔注止容也常信貳則難得中也我雖勤之無有告
我者徒卹而不得明知也
補注張惠言曰庸用也止無非行有爲也無事則隙
有爲則貳不得助之患如此政正也衆士輯和則無
不正不和則人人自匿其心矣衡案衆即周禮所謂
陳殷置輔也子非不念念不知盡望公訓勉之辭

周公曰於敢稱乃武考之言曰微言入心夙喻動衆大乃不驕行惡于小小乃不懾

孔注言汝之武考有是言

補注於嘆辭稱述也張惠言曰夙喻素行喻乎人也言行動人大臣乃不驕惡及小臣小臣乃不懾衡案微言入心夙喻動衆臣鄰一德都俞之象也故大臣處盛滿而不驕行惡於小加溫語於庶府也故小臣得以効忠而不懼

連官集乘同憂若一謀有不行予惟重告爾盧文弨曰集乘疑是集衆

予字從宋本俗閒本作兹元本無重字衡案予作兹亦通

孔注連官職集衆事則同憂濟謀有不行言必行也盧本連官下衍則同憂三字

補注連與聯通秉事也連官集秉謂連事通職相佐助如周禮小宰以官府之六聯合邦治是也同憂若一則謀宜濟矣乃有不行則未得盡其志耳

庸厲以餌之士權以申之明約以遺之舊作庸厲口以餌之士權先申之明約必遺之今改正

孔注餌謂爵祿權謂勢重

補注庸功也厲勵也餌謂誘之使進士權以中之尊其位也明約以遺之約戒約也遺卽厚用遺之遺

其位不尊其謀不陽我不畏敬材在四方

孔注言當畏敬賢者尊其位陽其謀也在四方言口

補注知此則無楚材晉用之患矣位卑而言高其謀必不見用故不陽謂不顯揚也我不畏敬則去之他國勢所必然盧文弨曰在四方言野多遺賢或且以資敵

無擅于人塞匿勿行惠戚咸服孝悌乃明

孔注擅人專已塞匿陰忌惠順感近也

補注無擅於人用賢不吝飭在帝心不專擅也賢路大開故塞匿勿行惠感感服一家仁也孝悌乃明一國興仁也

立威恥亂立威上舊衍明字今刪使衆之道撫之以惠內姓無感外姓無讁

孔注鄙恥其亂則思治矣內長同姓同宗外姓異姓讁過長同二字疑衍

補注立威則法不弛恥亂則禍不生內姓無感親親

得其所也外姓無讁尊賢各有等也盧文弨曰感古慽字

人知其罪上之明審句敎幼乃勤句鍾本上之明審敎幼乃勤貧賤制句俱誤貧賤制制上疑脫有字口設九備乃無亂謀空闕疑是敬字

孔注上明則不隱情故曰知罪

補注言人知其罪由於上之明審敎幼乃勤父兄之敎嚴也貧賤有制則不妄干九備見下乃無亂謀知所戒也

九備一忠正不荒美好乃不作惡盧文弨曰正文脫二三段

孔注順人心明察則民化而善

補注荒如色荒禽荒之荒甘酒嗜音峻宇雕墻皆所謂美好也不荒美好則能修身故曰乃不作惡

四口說聲色憂樂盈匿五碩信傷辯曰費口口六出觀好怪內乃淫巧樂音洛

孔注碩大怪異

補注聲色惑溺雖樂必憂盈匿謂樂滿則憂伏也碩信傷辯大詐似信辭多飾也出觀遊幸也好怪服奇之義

七口口謀躁內乃荒巽入口口好威民衆曰逃九宮寵極

足是大極是下疑脫曰字內、心其離盧文弨曰逃字從元本下本俗閒本作逃字書無

孔注口室也

補注謀躁則心無定荒巽荒忽無常之貌好威則民

衆畏罪故曰逃宮寵貴倖之臣極足賜予無復加也

內心其離人心散也案九備國之大忌故篇題以大

戒爲名

九備既明我貴保之應協以動遠邇同功盧文弨曰協亦作恊

孔注應協以動動必以和

補注我貴保之則能大戒協和也應和以動則事乃有成故同功遠謂外姓邇謂內姓

謀和適用覆以觀之上明仁義援責有備（盧文弨曰用本亦作同）

孔注上謂君也

補注謀和則志同故適用覆以觀之覈其實也戴凊曰案上明仁義二句乃歸重于上之詞下三節詳言之備仰前九備貞疑是責字之訛

聚財多口以援成功克禁淫謀衆匿乃雍

孔注言閉塞不行也

補注淫謀猶言非謀衆匿衆謀匿於下者雍和也衆匿乃雍則其謀陽矣此謂在上者能大戒聲色遊觀寵幸等九備之害庶能尊賢貴德而謀國有人也

順得以動人以立行去聲輔佐之道上必盡其志然後得其謀

孔注言和輔求助當先順人也

補注順得以動順所得以鼓舞之也人以立行能建白也盡其志則位尊得其謀則謀陽

無□其信空方疑是失字雖危不動□□以昭其乃得人空方疑是派用

字

孔注轉移貞信如此得其用也

補注危謂事勢急迫不動謂君心不搖動也其乃得

人猶云乃得其人也

上危而轉下乃不親

孔注上危而下不親之不足信故也

補注此與上節緊對上危而轉不信也下乃不親則

自匠矣

王拜曰允哉允哉敬行天道允哉允哉呂氏春秋貴信篇引周書高誘注周書逸書也

衡案此節與上文不貫當是小開武解以知吉凶下錯簡其小開武解王拜曰允哉色曰正余不足二十四字當在此篇後書者以何有王拜曰允哉遂致前後錯亂衡案□王子不足語意於此篇朕寶不明余非不念念不知尤明

賈注

逸周書卷十二終